날마다 그냥 쓰면 된다

날마다 그냥 쓰면 된다

서미현 지음

좋은 책을 읽은 후에는
뜨거운 여름날처럼 (　　) 달아오르기를

글을 쓴 후에는
차가운 겨울 바다처럼 (　　) 식어버리기를

그렇게
오직 나만의 글을 쓰기 위해
온 (　　)을 집중하기를

괄호 속을 자신만의 언어로 채울 수 있기를

프롤로그

러키세븐의 매직으로
글쓰기 습관을 기르다

몇 년이 흘러도 변하지 않은 것들이 있다. 직장을 다시 다니기 시작하면서 나의 패턴은 7일이란 시간에 맞춰서 살고 있다. 월요일 아침에는 주간 업무 회의를 하며 앞으로 펼쳐질 5일 동안의 시간이 얼마나 파란만장할지, 아니면 이상한 나라의 앨리스로 살아야 할지 가늠한다. 광고를 만든다고 해서 자유로울 거라고 생각하지만 일은 어디나 매한가지다. 광고주님의 변경인 듯 변덕 같은 변경 때문에 일정이 변하는 탓에 업무 회의로 너와 나의 스케줄을 살펴본다.

그렇게 월요일을 시작한다. 월요일은 몸이 아무리 건강해도 정신적으로 누구나 깃들게 마련인 '월요병'이 찾아온다. 화요일은 그러려니 해도 '화병'이 나고, 수요일은 아름다운 절세미인이라고 해도 오후 4시에는 세상 가장 못생겨진다는 유머가 생길 만큼 피로하다. 오죽하면 '비 내리는 수요일엔 빨간 장미를'이라는 위로의 말도 있지 않은가(전적으로 내 생각이다). 목요일에는 피로가 쌓일 만큼 쌓여서 정신이 혼미해진다. 금요일이 되어야 마침내 찾아온 주말이란 기분에 들뜬 상태가 된다. 그리고 토요일과 일요일이 고개를 살포시 내밀고 기다린다.

토요일은 격주로 독서 모임에 참여하고 있다. 지난해까지 한 달에 한 번 정도는 어반 스케치를 하며 보냈다. 사람들과 만나 카페나 공원 등 야외에서 도시의 풍경을 그리며 마음을 온순하게 만드는 연습을 했다. 그림을 잘 그리고 싶다기보다는 힐링의 시간이다. 이렇듯 일주일 단위로 움직이다 보면 "목요일은 무슨 요일이지?"라는 이상한 말을 가끔 내뱉을 만큼 요일에 집착하게 된다. 날짜보다는 요일이 삶을 지배한다는 기분이 든다. 그러다 발견한 것은 단위를 쪼갤수록 계획적으로 보낼 수 있다는 사실이다.

영화 〈어바웃 어 보이〉에서 휴 그랜트는 30분을 1단위로 산다고 했다. 그때는 무슨 헛소리인가 싶었는데, 내 삶을 돌아보니 나의 아침 시간은 10분이 1단위로 흘러간다. 매우 체계적이고 빠르게 몸과 마음을 움직이는 데 제대로 습관이 들어 있다. 주말에는 그런 습관이 사라져버려서 강제적으로 친구들과의 모임을 만들고 움직인다. 불참의 횟수가 늘어나고는 있지만.

계획과 습관은 매우 멀고도 가까운 것이다. 계획을 잘 세워도 달성하기 어렵다. 혼자 하는 것은 그만큼 외롭고 어렵기 때문이다. 그러나 혼자 해서 습관으로만 만들면 그것만큼 편한 게 없다.

수목원이나 어린이 대공원에서 그림을 그리려고 손바닥만 한 스케치북을 꺼내면 사람들이 힐끔거렸다. 그림을 제대로 배운 적이 없는 나는 당황스럽고 창피했다. 하지만 그 서툰 감정을 이겨내면서 내게 오롯하게 집중할 수 있었다. 첫 그림의 그림체와 1년이 지난 후의 그림체는 확실히 달랐다. 작은 노력이 쌓이면 분명히 좋아진다.

나의 그림 그리기처럼 당신의 글쓰기도 달라질 것이다. 꾸준함에 대한 다짐을 월요일마다 하자! 일주일이란 시간이 쌓여 한 달이 되고 1년이 되듯이, 무언가를 꾸준히 계속 쌓으면 좋은 쪽으로 변할 것이다. 꾸준함이 가져오는 변화를 느껴보자.

Contents

5   프롤로그.
        러키세븐의 매직으로 글쓰기 습관을 기르다

Day 0.   모두의 글요일   서랍 속에 고이 모셔두었던 글, 가만히 꺼내서 먼지를 털어봅니다

16   1단계. 왜 글을 쓰고 싶은가?
22   2단계. 내 글을 진단해보자
29   3단계. 부족함을 체크해보자
35   4단계. 준비가 되었다면 시작을

Day 1.   월요일   기억과 기록 사이의 경계, 그 틈을 노리면 반드시 글이 싹틉니다

        비장의 무기
44   자신만의 낱말 카드를 꺼내봅니다

        모방은 창조의 어머니
50   나만의 것으로 만드는 과정입니다

        남기고 싶다, 솔직하게
57   온 마음을 담아야 온전한 글이 됩니다

        계속 써왔습니까? 싸워왔습니까?
63   무엇이든 이어갈 수 있으면 좋겠습니다

Day 2.　화요일　　비우면 더 커지는 생각의 반경,
　　　　　　　　　　　새로운 글은 그 안에서 날아오릅니다

72	천재들의 전유물 나의 창의력은 어디에 있을까?
78	너와 나의 연결 고리 생각의 고리를 단단히 잡습니다
85	사진기의 눈 예리한 관찰이 중요합니다
92	글길을 안내하는 표지판 가는 길을 헤매지 않도록 세웁니다

Day 3.　수요일　　남과 다른 나만의 특별한 글,
　　　　　　　　　　　그 뼈대는 스타일에서 잡힙니다

102	글감의 문 냉장고를 열어봅니다
109	밀가루 반죽처럼 네 줄 쓰고 네 줄 더하고 계속 늘려봅니다
115	모두의 문체 스스로 만들어가야 합니다
121	수사 반장이 아닌 수사 글을 아름답게 만드는 비법입니다
130	다음을 이끄는 문장 물고기를 낚는 미끼를 꿰어봅니다

Day 4. 목요일
가면은 잠시 내려놓고 가벼워지는 날, 감정도 경험도 가감 없이 드러냅니다

142 다시 보게 되는 리뷰
기록을 저장하면 든든합니다

148 다 커서 쓰는 일기
사건이 없더라도 남겨봅니다

154 여행 후일담
텅 빈 마음을 채웁니다

161 세이세이 愛세이
글의 심장은 경험의 감정으로 띕니다

167 블로그 글로그
차곡차곡 쌓고 또 쌓아봅니다

172 나와의 ㅅ터뷰
마음이 통해야 하니 어렵습니다

Day 5. 금요일
아이를 꺼내 이야기를 향해 달려갈 시간, 태어나면서 우리는 모두 이야기꾼입니다

182 날 선 이야기
콘셉트가 달라야 합니다

188 나만 쓸 수 있는 내 글
속부터 시작해봅니다

194 언제나 소설은 옳으니까요
상상의 토네이도를 일으켜봅니다

201 시나리오나 소설이나
삼삼하면 됩니다

Day 6. 토요일
글을 매끄럽고 유연하게 만드는 비결, 한 줄씩 한 땀 한 땀 다듬고 다듬다

212 글다듬기
나물을 다듬듯이 다듬어봅니다

218 우리말 맞춤법은
원래 잘 못 맞추는 거 아닙니까?

225 글결을 결정짓는 퇴고
퇴보가 아닌 전진입니다

231 메모장 활용법
SNS도 미리 적고 나서 올려봅니다

Day 7. 일요일
자극이 있어야 나오는 글, 삶의 품에서 쏟아지는 빛줄기를 정리하다

240 커피로 걷는 길
생각이 따라옵니다

246 도서관과 책방 투어
책은 읽기 위함인가, 갖기 위함인가?

252 보고 또 보고
데순이는 여전합니다

258 가끔 가는 전시장에서
저 멀리 있는 예술을 불러봅니다

264 떠나면 자극제
환기가 필요할 때는 과감히 멈춥니다

269 에필로그.
잘 쓰지 못해도 쌓기의 믿음으로 즐거운 글쓰기를

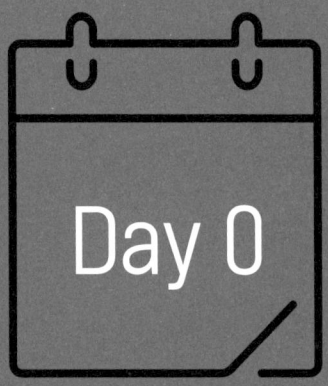

모두의 글요일

서랍 속에 고이 모셔두었던 글,
가만히 꺼내서 먼지를 털어봅니다

DAY 0. 서랍의 발견

회사 사무실의 책상 서랍이 잘 열리지 않았다.
무엇인가 그 안에서 똬리를 틀고 있는 듯했다.
서랍을 열지 않으면 그 안에 무엇이 있는지 모른다.
우리는 간직하고 싶은 사진도
앨범이 아니라 외장하드에 저장하고,
클라우드에 백업을 해놓는다.
마음을 다해 써놓은 글도 문서로 존재하는,
그래서 꺼내보지 않으면 그냥 데이터로 존재하는 것.
잘 열어보지 않으면 숨을 쉬지 않는다.
딱딱. 더블 클릭.
오늘은 문득 몇 해 전 써놓은 파일을 하나 열었다.
세상을 향한 치기 어린 분노와
날 선 감정과 진지한 욕들이 섞여 있었다.
부끄러웠다.
여물지 않은 날것의 푸념들이 날뛰고 있었다.

다른 파일을 또 더블 클릭했다.
그 사이 무슨 일이 있었는지 글이 달라졌다.
푸른 감성과 가벼운 농담이 섞여 있었다.
문서 파일이 생성되었던 시간의 간극에 따라
무뎌지고 재미없어졌을지도 모른다.
그러나 세상을 바라보는 눈은 따뜻해졌다.
이제 당신의 서랍을 열어보자.
보내지 못한 편지, 응모하지 못한 이름,
방향 없는 푸념, 꼬리가 잘린 여행기,
억지로 등 떠밀려 쓴 사과문,
언젠가 써먹을 수 있을 것 같아
책의 문구를 베껴놓은 독서 일기라도 좋다.
서랍 안에 간직하고 있는 것만으로도
당신은 기록하고 기억하고 글을 쓰는 사람이니까.

DAY 0. 모두의 글요일

1단계.
왜 글을 쓰고 싶은가?

시간은 흐르고 내 안의 것들은 변했다. 하지만 무엇보다 최근 몇 년 사이에 변한 것은 지하철 풍경이다. 가방에서 수줍게 책을 꺼내 읽던 사람, 조간신문을 손바닥만 하게 접어서 보는 양복 입은 아저씨, 피곤에 절어 꾸벅꾸벅 헤드뱅잉을 하다가 내 앞에서 책을 들고 보는 이가 있으면 자극을 받아 책 표지를 유심히 살펴보다가 메모를 하기도 했었다. 그러나 어느새 사람들의 손에는 스마트폰이 있고, 모두가 고개를 숙여 스마트폰을 바라본다.

글을 읽는 것이 아니라 보는 것에 익숙해져 간다. 지하철에서 피곤을 짊어진 채 눈을 질끈 감고 있는 사람도 거의 없다. 피곤보다는 재미와 자극, 속도에 익숙해져 간다. 지하철 일곱 명이 앉는 좌석에서 숙취로 눈을 붙이는 앞머리 없는 직장인 한 명 정도를 빼고 나면 누구도 한시도 가만히 있지 않는다. 어느새 세상은 덜컹거리는 지하철보다도 날렵한 스포츠카의 질주처럼 빠르게 달리기 시작했다.

이 변화의 간극을 표현하기 쉽게 아날로그와 디지털로 나눠 올드와 트렌드를 구분 짓는다. 하지만 그 사이에서도 변함없는 것은 '말과 글'이다. 활자가 글이 되려면 생각이 담겨야 한다. 손글씨로 한 자 한 자 꾹꾹 눌러 글자를 써 내려가던 때와 달리 타이핑으로 우리는 그 누구보다 빨리 생각을 활자로, 다시 글로 바꾼다.

컴퓨터 프로그램 중 '한컴 타자연습'이라는 게 있었다. 타이핑 실력을 가늠하기 위한 척도라고 할까. 위에서부터 내려오는 글자를 그대로 따라 치며 자판을 익히는 건데, 300타 이상을 쳐내면 세상 부러울 것이 없을 듯 행복해했다. 이제 손으로 일일이 쓰는 것보다 리포트를 쓰는 것도 쉬워졌다. 말보다 빠르게 채팅을 하면서 문자로 소통하기 시작한 PC통신 시절부터 지금의 카카오톡까지, 문자를 활용하면서 우리들은 말보다는 글 쓰는 게 더 재밌어졌고 쉬워졌으며 빨라졌다.

그럴수록 '왜 글을 쓰고 싶은가?'라는 고민이 생긴다. 글 쓰는 이들이 많아지고 있다. 문화센터에도 글쓰기 강좌가 계속 열리고, 개인적으로도 글쓰기 교육을 받기를 원한다. 시간적 여유가 생기지 않으면 글쓰기 책을 사서 본다. 왜 그토록 글을 쓰고 싶은가? 주변의 지인과 친구들에게 리서치를 해봤다.

- 표현하는 데 가장 쉽고 빠른 방법이어서, 나를 알고 싶어서, 나를 이해하고 싶어서 쓴다.
- 모든 일의 후기, 감정의 여운을 남기기 위해 쓴다.
- 좋은 것을 보거나 가슴이 벅찰 때 누군가와 공유하고 싶어서 남긴다.
- 표현하고자 하는 본능 같은 것이다. 표현 수단 중에 가장 잘할 수 있는 것이 글일 뿐이다.
- 생각을 펼칠 수 있는 도구가 텍스트밖에 없어서 그렇다.
- 이 순간의 영감을 붙잡아두고 싶은 기록.
- 어릴 때부터 글쓰기는 놀이 같은 것이었다.
- 그 순간의 작업 그 자체를 남기는 용도, 정리하는 도구.
- 생각과 감정을 토하는 과정.
- 감정을 풀어놓는 창구가 필요했다.

저마다 글을 쓰고 싶은 욕구가 있을 것이다. 이유를 찾아보면 글에 대한 애정이 더 생긴다. 그리고 한 줄의 문장이라도 더 곱씹게 된다.

나는 정작 단 한 번도 글 쓰는 이유에 대해 생각해본 적이 없었다. 그냥 쓰는 거 아닌가, 쓰고 싶을 때 쓰는 거 아닌가. 카피로 밥을 먹고 사니 정작 글다운 글을 쓰려면 뜸 들이는 시간이 많았다. 카피와 글은 전혀 다른 거라고 자신 있게 말할 수 있을 만큼 선을 그었다. 그 선은 아직도 유효하다. 그래서 글은 그냥 일상의 일부였다가, 때로는 아예 꺼내지도 않는 묵은 때 정도였다가, 어떤 날은 간절히 쓰고 싶어 주머니에서 삐죽하고 나오는 칼날 같은 거였다가, 또 어떤 날은 찰랑거리며 넘칠 것 같은 맥주잔의 맥주 거품 같았다. 이유는 선명하지 않지만, 욕구는 분명히 많았다. 오래된 갈증처럼. '왜 글을 쓰고 싶은가?'라는 질문에 나는 이렇게 답할 수 있다.

'나만의 언어'를 갖고 싶어서. '나만의 감정을 조절하는 컨트롤러'를 갖고 싶어서.

지금, 당신은 왜 글을 쓰고 싶은가? 그 물음에 답을 찾지 못했다 하더라도 또는 확실한 답을 갖고 있더라도 달려가 보자.

Writer's Comment

왜 글을 쓰고 싶습니까?

저는 잘 쓰지는 못해도
즐거워지고자 씁니다.

오늘의 연습

왜 글을 쓰고 싶은가?
왜 나는 글을 써야 할까?

쓰기 전에는 생각을 해야겠습니다.
좀 오래 곱씹어서 생각해봅니다.

2단계.
내 글을 진단해보자

 세상 물정 모르고 꿈만 많던 어린 시절, 나 스스로 똑똑한 줄 착각하고는 의사가 되고 싶었다. 어느 정도 커서는 그럴 깜냥도, 그럴 머리도, 그럴 마음도 내게 없는 것을 알았다. 또 다른 한편으로는 그림을 그리고 싶었다. 그러나 역시 미대에 갈 만한 재능을 받지도 못했고, (좀 주셔도 될 텐데) 미술 공부를 하는 데 그렇게 자본이 많이 드는지도 몰랐다. 사람은 주제 파악을 잘해야 한다. 차선의 차선을 찾다보니 가장 돈이 안 드는 일을 찾았다.

노트와 연필만 있으면 가능했다. 이과생 중에서 국어 점수도 좋은 편이었다. 책 읽기도 좋아했고, 글쓰기도 좋아했다. 그래서 내 글을 진단해봤다. 책을 좋아하나 문학을 할 만큼의 깊이는 없었고, 타고난 이야기꾼은 못됐다. 그렇게 해서 찾은 일이 카피라이터다. 최고를 찾은 것 같진 않지만 나름 최선을 찾았다.

당신의 글도 어디 즈음에 존재하고 있는지 검토해볼 필요 있다. 그래야 글쓰기의 습관도 들이고, 색다른 글쓰기에 도전하는 것도 가능해지니까.

내 글 평가서

자신이 쓴 글 중에서 묵혀둔 글 하나를 꺼내보자. 자신이 가장 잘 쓴다는 우월감은 내려놓고, 내 이야기가 가장 재미있다는 독보적인 자신감도 버린다. 그리고 매우 객관적인 눈을 장착한다. 어렵다, 물론. 객관적인 시각을 가질 수 있는 사람은 이 세상에 존재하지 않는다. 그렇지만 잠시 냉철한 타인으로 빙의한다.

영화의 평점을 매기는 '왓차'라는 앱이 있다. 그 앱을 알고 나서 틈나는 대로 영화를 검색하고, 내가 봤던 영화의 평점을 매겼다. 데이터가 모이면 영화 감상의 취향을 분석해서 보여주는데, 내 취향을 한마디로 분석하면 이렇다. '영화를 대단히 냉정하게 평가하는 냉장고파.'

별점을 주는 게 야박하기 때문이다.

자, 각자 영화 평점을 매기듯이 평점을 매겨보자! 별 다섯 개 기준으로 색칠한다.

① 재미성 ☆☆☆☆☆   웃음이 피식 나는가?
② 진지성 ☆☆☆☆☆   신문 논설만큼 진지함이 넘치는가?
③ 진척성 ☆☆☆☆☆   잘 읽히는가?
④ 상징성 ☆☆☆☆☆   읽으면서 머릿속으로 상상이 잘되는가?
⑤ 울림성 ☆☆☆☆☆   코끝이 찡해지는가?
⑥ 명확성 ☆☆☆☆☆   어떤 주제인지 명확한가?
⑦ 끌림성 ☆☆☆☆☆   읽는 데 어려움은 있지만 뒷부분이 궁금한가?
⑧ 독특성 ☆☆☆☆☆   모르는 사람에게 글을 보여줄 만큼 매력적인가?
⑨ 의미성 ☆☆☆☆☆   주제 파악이 쉬운가?
⑩ 일관성 ☆☆☆☆☆   글 쓰던 때의 감정이 다시 떠오르는가?

별이 어느 정도로 채워졌는가? 별점을 매겨봤다면 평점을 내본다. 분명히 부족한 항목도 있고, 높은 점수를 받은 항목도 있을 것이다.

내 미천한 재주 중 하나는 글쓰기라고 여기다가 불현듯 글을 잘 쓰는 의사의 책을 읽으면 급작스럽게 기분이 바닥으로 떨어진다. 신은 만인에게 공평한 듯하다. 하지만 가끔은 깜박하고 재주를 몰아주는 신묘한 재주가 있다.

얼마 전 《병원의 사생활》이라는 책을 읽었다. 내 마음속 의사는 감히 아무나 범접할 수 없는 사람인데, 이분은 글도 잘 쓰고 그림도 잘 그린다. 내가 꿈꾸던 두 가지와 글 쓰는 재주까지 갖춘 분. '부러우면 지는 거야'와 같은 이상한 논리를 만들어내도 부러운 건 부럽다.

그 책에서 이렇게 말한다. 현대는 《동의보감》을 쓴 조선시대 허준처럼 진맥으로 상태를 파악하던 시절이 아니라, 검사의 데이터로 진단하므로 의사도 검사를 해야 병을 찾아갈 수 있다고. 자신의 글도 각자의 청진기를 꺼내서 객관적으로 꼼꼼하게 짚어보자.

유형 체크

자신이 어떤 유형의 글을 더 잘 쓰는지, 아니면 더 자신 있는 유형이 무엇인지 순서를 매겨본다.

- 일기   담백한 글을 더 잘 쓰는가?
- 이야기   뒷부분이 궁금해서 자꾸만 페이지를 넘기게 만드는 글을 더 잘 쓰는가?
- 리뷰   팩트를 기반으로 한 후기를 더 잘 쓰는가?
- 여행기   모르는 사람이 그곳을 향해 가고 싶을 만큼 더 잘 쓰는가?
- 에세이   감정을 고스란히 드러내는 데 최적화되어 있는가?

- 논평　　세상의 문제에 대해 자신의 논점을 확실하게 전달하는가?
- 콩트　　농담이 섞인 짧은 글을 더 잘 쓰는가?
- 보고서　과정과 결과를 일목요연하게 정리하는가?

내가 어떤 유형의 글을 더 잘 쓰는지 파악하는 게 중요하다.

Writer's Comment

제 글은 오래전부터
농담에 길들여져 있습니다.

당신의 글은 영화에 빗대어보면
어떤 장르입니까?
휘몰아치는 블록버스터입니까?
담담한 로맨스입니까?

저는,
B급 감성의 블랙코미디를 지향합니다만.

오늘의 연습

가장 좋아하는 작가가 있나요?

책장에서 그 작가의 책을 꺼내
눈에 들어오는 문구를 베껴 써봅니다.

자신이 어떤 부분에서
그 글을 좋아하게 되었는지
느껴질 것입니다.

3단계.
부족함을 체크해보자

음식 솜씨가 좋아 본인이 만든 음식에 흡족해했던 분이 계신다. 내가 붙여준 별명은 소금 중독자. 칠십 평생을 소금에 의존하여 살다가 건강의 적신호가 심각하게 반짝거려 소금을 아예 식탁에서 걷어내야 했다. 그분은 바로 같이 살고 있는 어머님.

어쩔 수 없이 작년부터 집에서는 저염식을 하는 중이다. 저염식을 해야 하는 상황에 돌입하자 염분을 줄이는 일이 쉬운 일이 아님을 깨달았다. 맛이란 것이 얼마나 소금에 의존하는지, 우리가 소금을 의외로 많이 먹는다는 사실이 새삼 크게 와 닿았다. 3개월 정도 저염식에 익숙해질 무렵 오히려 외식할 때 음식의 간이 세게 느껴졌다. 입맛의 기준이 달라졌기 때문이다. 소금이 부족하다고 느껴지기보다는 세상 모든 음식이 짠맛의 과잉으로 내 혓바닥이 고장 난 듯 이상했다.

부족과 과잉은 기준에 따라 달라진다. 저마다의 입맛과 취향은 물론 익숙한 풍미와 조리법이 있어, 미슐랭 스타를 받는 셰프라고 해도 다 맞추기가 쉽지 않다. 그러나 기본은 적절하게 배합해야 모두의 입맛을 충족하는 요리가 된다.

사설이 길었다. 글이란 녀석도 매한가지다. 신선한 재료 손질부터 어휘는 얼마나 많이 채워져 있는지, 짠맛과 단맛은 적절한지, 쓴맛과 매운맛은 과하지는 않은지, 신맛은 가끔이라도 쳐주는지 알아야 한다. 쩍쩍 갈라지는 겨울날의 건성 피부처럼 건조한지, 아니면 이슬 먹은 피부처럼 촉촉한지 가늠할 필요가 있다.

부족함을 체크하려면 비교 대상이 있어야 한다. 자신이 닮고 싶거나 쓰고 싶은 방향성을 가진 작가의 작품을 하나 필사해보자. SNS상의 짧은 글도 좋다. 익명의 누군가가 쓴 글이 너무 마음에 들어 그 사람을 롤모델로 삼겠다면 그것 또한 괜찮다. 글을 하나 옮겨본다. 그리고 같은 주제로 쓴 자신의 글을 옆에 두자.

	롤모델					나의 글		
문장의 견고함								
진행의 촉촉함								
독특한 향기								
읽고 난 후의 상쾌함								
뒷부분이 궁금해지는 재미와 흥미								
여운이 남는 지속성								
마음의 문을 툭툭 두드리는 심쿵성								

 이런 식으로 부족함을 체크해보자. 빈 부분이 많을수록 모자란 것이니 채울 수 있도록 노력해보자. 문항은 정해진 것이 아니다. 더 세밀한 기준으로 자신이 만들어봐도 좋을 듯하다.

 어떤 글을 쓸 것인가에 따라 부족함도 달라진다. 어떤 부분을 더 신경 쓰고 강화할 것인가? '간단한 일기라도 좀 솔직하고 담백하게 써보고 싶다' 정도의 기준과 목표를 세웠다면 화려한 수사법은 필요 없다. 어려운 단어를 쓰면서 문장을 일부러 꼬고 또 꼬아서 쓸 필요도 없다. '독서 리뷰를 더 잘 써보고 싶다'라는 목표가 있다면 재기 발랄하고 위트 넘치는 문장을 욕심내지 않아도 된다. 독서에서 느낀 감상을 숨김

없이 쓰는 정도도 충분하기 때문이다. 그러나 자신의 글을 들여다보고 '재미가 부족하다', '진중함이 모자란다', '세 줄 이상 글을 못 쓰겠다', '장문의 긴 글을 쓸 만한 지구력이 없다' 이런 게 보이면 적어두자. 적어둔 메모를 잃어버릴지 모르니 기억해두자.

누구나 맛있는 글을 쓰면 좋겠지만, 모두의 입맛에 맞추려는 것은 옳은 방법이 아니다. 셰프처럼 작가도 자신의 팬이 따로 있으니까. 단어와 문장이 단품 요리처럼 정갈한지, 아니면 화려한 수사법으로 한정식 뺨치게 차려낼 수 있는지 등 자신의 글을 보고 어떤 맛이 부족한지 살펴보는 편이 현명하다.

글 솜씨도 요리 솜씨와 비슷하다. 우리 모두 다른 입맛을 갖고 있는 것처럼 같은 재료를 갖고 시작해도 다른 게 나온다. 각 분야의 셰프들이 방송에 나오는 모습을 보며 내가 알아차린 사실은 그들은 자신이 만든 요리만큼 남의 요리도 사랑하고 존중한다는 것이다. 〈원나잇 푸드트립〉이란 프로그램은 1박 2일 동안 외국에 나가서 음식을 소개하고 많이 먹어야 하는데, 출연한 셰프 모두 모든 음식에 열려 있었다. 셰프는 남의 요리도 좋아한다. 호기심에 가득 차 있다.

편견을 가지면 좋은 것을 봐도 좋아지지 않는다. 글도 분명히 그렇다. 글을 좋아하고, 수많은 책과 글을 읽어야 잘 쓸 수 있다. 노력 앞에 장사 없다는 오래된 진리를 슬쩍 꺼내본다.

Writer's Comment

좋은 글을 읽으면
마음이 '덜컥, 꿀렁, 찔끔, 화르르'합니다.
글이 충만하기 때문이죠.

부족도 과잉이 아닌 딱 맞는 절대적인 비율.
글에도 부족한 맛을 채워주는,

어디에 넣어도 맛있어지는
라면 스프가 있으면 좋겠습니다.

모두의 글요일

오늘의 연습

오늘 하루 어땠는지 감상을 적어봅니다.

눈치를 보거나, 허세를 부리거나,
자랑하지 않아도 되는 가장 나다운 글.

혼자 간직하는 글을 써봅니다.

4단계.
준비가 되었다면 시작을

자가 진단에서 스스로에게 후한 점수를 줘서 부족함도 없고 완벽하다면 그냥 쓰면 된다. 그러나 그럴 리 없으니 주변의 도움을 받아보자. 무라카미 하루키도 아내에게 글을 보여주고, 장강명 작가도 아내가 첫 번째 독자라고 했다. 보통의 작가들도 가장 친하지만 무촌인 아내에게 보여준다. 아내가 없다면 친구에게 보여주고, 그게 어려우면 무명의 사람들이 왔다 갔다 하는 가상의 공간에 올려두자. 훨씬 객관적으로 자신의 글을 냉철하게 분석할 수 있다. 평점으로 쳐서 3점 미만이 나온다고 해도 슬퍼하거나 좌절하지 말자.

나는 어린 시절 달리기를 참 못했다. 지금은 공사 중 옆의 횡단보도에서만 우사인 볼트 급으로 빨리 뛴다. 공사장도 싫고, 불안감이 엄습하기 때문이다. 오래전 초등학교 운동회에서 다른 종목들도 싫었지만, 특히 네 명이 함께 달리는 달리기 경주가 너무 싫었다. '탕!' 하는 총소리에 겁에 질리고, 달리다 넘어지면 어쩌나 무서웠다. 다리를 쩍쩍 벌리며 재빠르게 달리는 치타 같은 애들이 있는데, 나는 아무리 빨리 달리고 싶어도 앞으로 나아가지 않았다. 그럼에도 불구하고 내 목표는 하나였다. '꼴등은 하지 말자.' 정말 꼴찌는 면하고 3등을 했다.

목표는 늘 뒤에서 두 번째 정도로 약하게 잡았다. 그러다 보니 출발선의 두려움도, 시작의 공포도 덜해졌다. 물론 잘 달리는 애들이 부러웠다. 아직도 운동을 잘하는 사람들이 부럽긴 하다.

글을 쓰기 위해 출발선에 선다. 그 전에 해야 할 일이 있다. 제대로 된 글쓰기를 연마하려면 하나만 정하자. 글에 담고 싶은 이야기가 뭔지, 흔히 메시지라고 하는 게 어떤 것인지 정하고 출발선에 서자.

메시지를 전달하고 싶은데 어휘가 부족할 수도 있다. 반대로 너무나 화려한 수사법을 써서 읽는 이가 단어들의 폭격에 휘말려 정작 뭘 읽었는지도 모를 만큼 헷갈릴 수도 있다. MSG를 넣으면 재료 본연의

맛보다는 자극적이고 익숙한 맛에 끌리는 것처럼 글도 감각을 마비시켜 정작 메시지가 빠진 글이 될 가능성이 크다. 그러다 보면 갈피를 잡지 못하고 방황하는 글이 되어버린다.

어제는 짧은 콩트를 쓰고 싶었다가, 오늘은 여행하면서 느낀 감흥을 함께 나누는 여행기가 쓰고 싶다. 내일은 재미와 위트가 넘치는 글을 쓰려고 마음을 먹었는데, 갑자기 한없이 논리적인 글을 써보고 싶다. 하고 싶은 것은 많은데 정작 시작을 하면 마무리를 못 하고, 하려고 용기는 내는데 어떻게 해야 할지 몰라 고민의 갈림길에서 헤맨다. 글이란 녀석도 우리의 삶과 비슷하다. '선택과 집중'을 하지 못하면 처음부터 끝까지 완성이 안 된다.

무언가를 준비할 때 언제나 장비병이라는 게 동반되곤 했다. 스노보드를 타기 위해 6개월 할부로 보드 장비와 옷을 장만했고(빌려도 되는 것을), 수영을 배우기 위해 수영복 두세 벌, 물안경과 수영모도 두 개씩 풀세트로 장만했다(평영을 배우다 그만두고 말았다).

글쓰기 위한 준비는 무엇일까? 최신형 노트북? 예쁜 노트와 펜? 사실은 다 필요하기도 하고, 불필요할 수도 있다. 글은 노트에 써도 되고, 냅킨에 써도 된다. 휴대폰의 메모장을 열어 써도 되고, 컴퓨터의 문서 파일에 써도 된다. 그러나 그 무엇보다 준비할 것은 마음이다. 무엇을 쓰고 싶은 그 마음이 흐트러지지 않고 모양을 점점 갖춰나가야 한다.

Writer's Comment

작가가 되는 것은 쉽지 않고,

되고 나서도

엄청난 부와 명예가 눈앞으로 달려오지 않는다니

우리 목표를 높게 잡지는 말아요.

연예인처럼 많은 이에게 사랑받지 않더라도

자기만의 창작을 하는 이는

모두 이미 작가입니다!

오늘의 연습

집에 오는 길에
마음에 쏙 드는 예쁜 노트를 하나 마련합니다.
그리고 그곳에 이름을 쓰고 각오를 한마디 적습니다.

일기라고 해도 좋고, 메모라고 해도 좋고요.
그냥 생각나는 대로 한두 줄이라도.

월요일

기억과 기록 사이의 경계,
그 틈을 노리면 반드시 글이 싹틉니다

DAY 1. MONDAY

기억은 원래 시간이 흐를수록 희미해진다.
기억을 견고하게 하기 위해 기록을 한다.
그러나 정작 기록을 남겨야 할 때
보통은 그 순간을 어떠한 말로 옮겨야 할지
잘 몰라서 우리는 익숙하게
휴대폰을 꺼내 사진을 찍는다.
나도 마찬가지다.
그래서 그 사진을 보고 그때의 감정을 복기하곤 한다.
기억을 더듬고, 약간의 가공을 하고,
그날의 구름 색깔이 어땠는지,
내 옆에는 무엇이 스쳐 지나갔는지
하나하나 곱씹어본다.
사진은 멈춰 있던 그 순간을 그대로 담아냈을 뿐,
내 감정까지 스캔하지는 못하니까 말이다.

잠자고 있던 기억을 깨워보자.
글씨를 처음 배웠을 때를,
매일 똑같은 일상을 그리고 쓰기 싫어서
방학 숙제를 몰아서 하던 날을,
그러다 책을 읽고 독후감을 썼던 날을,
처음으로 사생대회를 나가
원고지를 빽빽하게 채우던 그런 날을….
시간을 떠올리면 그렇게 할 말이 많아진다.
쓸 일이 분명히 많아질 것이다.
앞을 향해 달려가면 볼 것이 많고,
가끔 뒤를 돌아보면 쓸 것이 많아진다.
그렇게 월요일 오늘 하루는 좀 뒤를 돌아보자.
월요병을 핑계로 좀 센티해져도
티가 안 나는 날이니까.

DAY 1. MONDAY

비장의 무기

자신만의 낱말 카드를
꺼내봅니다

　　　　　　　　　　　　　　자기 고백의 시간을 갖고
시작하련다. 명함에 카피라이터라고 박고 다닌 지 좀 되었다. 지금은
거의 모르는 사람이 없지만 예전에는 다들 물었다. "카피라이터? 복
사, copy하는 거?" 그게 아니라 광고 문안을 작성하는 일을 한다고 설
명해야 비로소 이해했다.

　카피라이터가 좋아 보여서 시작하지도 않았고, 절실하게 되고 싶어
서 된 것은 더욱 아니다. 물론 등 떠밀려 하지는 않았다. 선택해서 했

으니까 그냥 꾸준하게 해왔다. 이 일을 좋아하기도 하고, 할 수 있는 만큼 한다. 그것뿐이다.

재미는 일에서 찾으면 안 된다는 이야기를 어디선가 주워들었다. 아마 드라마 대사였을 것이다. 그래서 카피라이터라는 직업이 재미있는 일을 하는 거라고 소개하기도 모호하다. 지금 각자 어떤 포지션에서 어떤 일을 해도 재미는 분명히 없을 것이다.

글쓰기를 좋아했지만 글을 탁월하게 잘 쓰진 못했다. 학교에서 하는 백일장, 독후감 대회, 표어쓰기 대회 등에 나가서 상을 타오긴 했다. 그렇다고 문학적 재능이 월등하거나, 재능이 도드라지게 고개를 들지는 않았다. 돌이켜보면 한글을 빨리 쉽게 떼기는 했다.

남들이 쑥쑥 클 때도 지금처럼 혼자 멍 때리는 걸 즐긴 탓에 키는 자라지 못했다. 초등학교 때 내 자리는 맨 앞줄이었다. 오전반과 오후반으로 나누었는데도 콩나물시루처럼 아이들의 검은 머리로 가득 찬 교실 안이 떠오른다. 맨 앞자리에서 선생님이 칠판에 쓰는 글씨들을 모조리 따라 썼고, 선생님보다 먼저 쓰기도 했다. 선생님께 칭찬을 들어서 좋았다. 공책에 다 쓰고 나서는 할 일이 없어서 창밖을 쳐다봤다. 오래전 초등학교에서는 한글을 한 학기 동안 가르쳤다. 지금은 다섯 살보다 더 어린 나이부터 한글과 영어를 배운다.

초등학교를 들어가기 훨씬 전에 나는 한글을 배우고 싶어 할머니를 졸랐다. 회사 다니는 이모들이 한글 카드를 사다줬다. 어느새 나는 가

갸거겨로 어른 세상의 문을 열었다. 이모들이 읽던 책《바람과 함께 사라지다》,《뿌리》를 봤다. 읽은 것은 아니니까 봤다란 표현이 맞다. 책 표지에 박혀 있는 제목을 보는 것으로도 나는 이미 어른이 되었다.

기역니은디귿을 익히고, 아야어여를 조합해서 읽게 된 글자들이 단어가 되었다. 그렇게 가지와 기차, 나비와 날개의 차이를 알아갔다. 하늘이란 글자는 하늘처럼 넓고 예뻤다. 사랑이란 글자는 보면 볼수록 몽글거리며 간지러웠다. 엄마라는 글자는 ㅁ 덕분인지 안정적이고, 내가 기르던 강아지 복실이란 글자는 복슬복슬 귀여웠다. 다른 기억은 희미해졌는데 그 순간은 아직도 선명하다. 버스 차창 너머로 내가 읽을 수 있는 한글 간판이 꼬리를 물고 나타나면 엄마 손을 잡고 자랑하느라 꼬물꼬물 말을 했다.

한글을 익혀 책을 읽었다면 나는 언제부터 '글'이라는 것을 썼을까? 생각해보니 아마도 학교를 들어가서 '그림일기'라는 것을 그리고 쓰면서였을 것이다. 밥을 먹고, 누구와 놀고, 잠을 자고 등 매우 심플한 하루 일과에 감정이 들어가기 시작했다. 누가 가르쳐주지도 않았는데 슬프고, 기쁘고, 하늘이 맑고, 배부르다고 표현하며 연필로 또박또박 써 내려갔다. 아는 단어가 그리 많지 않아서 오늘의 일기와 어제의 일기, 내일의 일기가 뒤섞여도 구분되지 않을 만큼 똑같았다. 그래도 일기를 써서 글을 쓸 수 있게 된 것이다.

이제 컸으니까 어른들만의 낱말 카드를 만들어보자. '엄마'라는 대체 불가 단어에서 시어머니, 어머니, 친정어머니, 엄니, 어무이, 모친, 하숙집 여사님, 김 여사님이 파생된다. 하릴없이 앉아서 멍 때릴 때도 있지만, 모르는 단어가 나올 때는 사전을 찾아보고 유의어를 살펴본다. 비슷한 말이라도 적재적소에 어떤 단어를 더 써야 글이 좋아지는지를 파악하려면 낱말 카드를 많이 만드는 수밖에 없다. 누가 더 많은 낱말 카드를 갖고 있느냐에 따라 글이 달라진다.

카피라이터는 단어와의 싸움이라고 할 정도로 키워드에 목을 맬 때가 있었다. 오죽하면 사전을 찾는 데서 출발하기도 했다. 예를 들면 이런 식이다. 포털사이트에 단어를 하나 넣고 사전을 본다. 사전에는 유의어가 함께 나오는데, 그 유의어를 따라 간다. 비슷한 말을 찾을 수 있을 뿐만 아니라 인접 어휘로 새로운 단어를 익히기에도 좋다 ('엉망'이라는 말과 비슷한 말이 다섯 개나 있다. 기분에 따라 쓸 수 있지 않을까? 뒤범벅이라든가 뒤죽박죽이라든가. 만신창이란 말도 엉망보다 더 센 표현이 된다).

Writer's Comment

예전엔 낱말 카드를 보며

단어를 외웠는데

이제는 거꾸로

고유명사가 생각이 나지 않아

자꾸 그거, 그거라며

대명사를 꺼내게 됩니다.

모두 검색 탓이라고

또 남 탓을 해봅니다.

오늘의 연습

단어를 익히고 배웠던 어릴 적
신기해서 계속 쳐다보던 낱말 카드를 떠올려봅니다.
이제 단어를 보고 자신만의 정의를 내려봅니다.

예) 아파트　　욕망 한 줄, 스위트 홈 한 줄, 그렇게 쌓아 올린 도심 속의
　　　　　　　거대한 무지개떡.
　　　갈등　　두 사람이 등을 맞대고 밀고 있는 상황.

- 목욕탕
- 흑기사
- 초코파이
- 아메리카노

이 외에도 책상 위에 있는 것들
또는 지금 발견한 사물에 대해 쓰고,
그 옆에 딱 한 줄짜리 정의를 내 멋대로 내려봅니다.

모방은 창조의 어머니

나만의 것으로 만드는
과정입니다

'모방은 창조의 어머니다.'
지금은 당당하게 말할 수 있는 이 진리를 예전엔 드러내지 않고 내가 일을 잘하는 것의 비결로 여겼다. 모방은 창조를 낳는 것이지, 창조를 위해 모방하지 말아야 한다. 이 무슨 말인가 막걸리인가 싶지만, 새로운 것을 만들기 위해 남의 것을 베끼면 안 된다. 베끼다 보니 창조가 되었다, 윤리적으로 그것도 안 된다. 베낀다기보다는 자꾸 보는 것이다. 자꾸 보면 알게 되고, 터득하게 된다.

모방이 창조의 어머니든 아버지든 부모든 간에 나는 무언가를 보고 배워야 한다는 사실을 깨달았다. 말과 글을 그렇게 보고 듣고 배웠는데, 사회에 나와 일을 하려니 알려주는 곳이 없었다. 광고계는 도제식 시스템으로 가득 차 있었고, 사수나 부사수 같은 군대식 용어도 낯설었다. 뭐 하나라도 물어볼라치면 '내가 이걸 어떻게 알게 된 건데 널 가르쳐줘'라는 식이 많았다. 가르침을 제대로 해주는 사람들이 없었으니 사설 학원에서 배운 짧은 지식으로 부딪혔다.

타고난 재능이 넘친다면 '모방이라니' 하며 혀를 끌끌 차겠지만, 모두가 창의성을 타고나는 것은 아니니 예시가 필요했다. '레퍼런스'라고 불리는 것들인데, 남의 광고를 수집하고 열심히 스크랩을 했다. 보면 탄식이 절로 나왔다. '난 왜 저렇게 못하는 걸까?'(남의 것은 원래 근사해 보인다.) 그러다 내가 맡은 프로젝트에 비슷하게 또는 내 딴에는 엄청 멋진 카피라고 써 가면 윗사람들은 사주지 않았다. 말해야 할 것을 말하지 않고 엉뚱한 데서 찾았기 때문이다. 그걸 깨닫는 데 좀 오래 걸렸다. 그래도 좋은 광고를 찾아본 것은 도움이 되었다.

글도 마찬가지다. 남이 쓴 글을 자꾸 읽어서 왜 좋은지를 알아야 하고, 대중이 그 글을 왜 좋아하는지도 알아야 한다.

딸의 인생은 길다

품에 잘도 안기더니
어느새 여자가 되었다.
혼자선 아무것도 못 하더니
혼자 있는 시간이 길어졌다.
화장을 하고 싶어 하다가
나이가 든 어느 날은
화장을 하고 싶지 않을 것이다.
사랑을 하게 될 것이다.
선물은 약속이 아니고
사랑은 누군가에게 기대는 것이
아님을 알게 될 것이다.
누군가 꽃을 주길 기다리기보다
너만의 정원을 가질 것이다.
좋아하는 일을 하게 될 것이다.
모두가 너의 일을 좋아할 것이다.
회식에 가서 술을 배우고 사람을 알게 될 것이다.
다시 사랑을 만날 것이다.
마침내 결혼을 할 것이다.

아이에게 생명을 주고

모든 세상을 받을 것이다.

내 딸의 인생은 길기에.

_ 긴 인생 아름답도록 *Bravo your Life!* 삼성생명

    이 광고 캠페인을 본 것은 오래전이다. 광고가 나왔을 때, 특히 지면 광고의 카피를 읽었을 때는 고개를 끄덕이며 그 통찰력에 놀라지 않을 수 없었다. 딸, 아들, 어머니, 아버지, 아내, 남편 각각의 인생에 대한 이야기가 와 닿아서 이 카피를 쓴 사람은 인생을 따뜻하게 들여다볼 줄 아는 분이겠다 싶었다. 부러웠다. 당시 나는 부침이 심해서 '인생이 뭐 있어'라고 생각하던 때였다.

    이별에 대한 글을 쓰고 싶다면 이별을 크게 해봐야 한다. 그게 어렵다면 이별에 대한 글을 좀 많이 읽고 모아야 한다. 사랑에 대한 글을 쓰고 싶다면 절절한 로맨스 소설을 많이 봐야 한다. 인생에 대한 글을 쓰고 싶다면 인생에 대한 이야기를 읽어야 한다. 그렇지 않다면 레퍼런스를 찾아봐야 한다.

    이제 막 사랑을 시작했다면 달콤한 케이크 한 조각처럼 달달한 글이 나온다. 모르는 사람도 읽고 있으면 미소가 번지는 설렘 가득한 글. 사랑이 지나간 후 그 사람의 얼굴은 기억에서 지워져도 사랑의 순간은 남아 있다. 사랑이란 슬프게도 순간의 기록, 마음의 기록이다.

누군가를 절절히 사랑하고 있지 않은데, 그럼 글을 못 쓰는 걸까? 의심하지 말자. 사랑의 대상은 사람이 아니어도 괜찮다.

처음 카피를 쓸 때처럼 아직도 막막할 때가 많다. 글을 쓰려고 마음먹은 사람들도 빈 페이지 공포증이 생긴다. 그럴 때는 멍하니 있지 말고 우선은 자료를 찾아보자. 단 몇 초면 또 다른 세계와 접속할 수 있는 편리하고도 무서운 요즘, 수많은 정보와 쏟아지는 글들이 우리를 반긴다.

이미 세상 아래 새로움은 없다. 그러나 또 어쩌면 그 안에서 우리의 글은 한 번도 태어난 적 없는 이야기가 될 수 있다. 새로움이란 없을 것 같다가도 툭 하고 나오는 새싹 같은 것이니까.

Writer's Comment

모방은 창조의 어머니라고 했지,
그냥 베끼는 것은 절대 안 될 일입니다.

어차피 글은 저마다의 결이 있어서
베끼면 내 것 같지 않고,
남의 것인지 다 알아챈답니다.

MONDAY

오늘의 연습

자신이 좋아하는 가요의 가사, 랩, 드라마 속 명대사를
손으로 베껴 써봅니다.
쓰고 나서 찬찬히 뜯어서 봅니다. 왜 이런 글이 나왔을까?
작가의 마음을 읽어보도록 해요.

예) 나쁜 날씨는 없다. 잘못된 옷차림만 있을 뿐. _영국 속담

인생이란 폭풍이 지나가길 기다리는 것이 아니라 빗속에서도 춤을 추
는 것이다. _비비안 그린

남기고 싶다, 솔직하게

온 마음을 담아야
온전한 글이 됩니다

10년 넘게 간직하던 카피 노트를 버렸다. 처음 카피를 쓰기 시작하면서 꼭 그 노트에 연필로 쓰고 나중에 쓸 만한 것을 형광펜으로 칠한 후 컴퓨터에 옮겨 타이핑을 했다. 다시는 이제 그것을 펼쳐볼 일이 없을 것 같아 열 권 정도의 노트를 다 버렸다. 정리하면서 보니까 일에 연관된 아이디어나 카피보다는 그때 당시 열 받아서 썼던 푸념이 훨씬 자주 등장했다. "아침부터 왜 저래? 샌님처럼 생겨서." 사장님의 뒷담화와 "어우 저 시커

먼쓰, 먹구름" 같은 팀장 욕이 다반사였다.

우리는 여전히 생각을 남기고 싶을 때 글을 쓴다. 단문이든 장문이든 욕이든 뒷담화든 글을 쓰고 싶다면 생각이 많아지고 있는 것이다. 머릿속이 복잡하거나 마음에 담아두고 있는 이야깃거리를 토해내고 싶어서 그런 욕구가 생긴다.

나만 보던 노트의 한 줄짜리 푸념은 지금으로 치면 댓글에 속하고, 인신공격의 악플에 가까웠다. 혼자만 간직하는 거였으니까 그나마 다행이었다. 오래전 우스갯소리로 그것들을 모아 광고판의 현실을 제대로 보여주면 재미있을 거라는 동료들의 조언도 있었다. 하지만 지금 생각해보면 날것의 감정이고, 우리만 재미있는 우리만의 세계였다.

늘 카피라이터들끼리 모이면 왁자지껄하고 목소리가 쉴 만큼 떠들기에 바빴다. 공감대의 영역이 맞아서 그랬던 것이다. 이상한 광고주를 욕하는 것도, 사수와의 갈등도 어찌나 찰떡처럼 말하는지 재미있어서 시간 가는 줄 몰랐다. 비슷한 사람들끼리는 잘 통하게 마련이다.

일상의 감정을 남기고 싶다면 타인도 공감할 수 있는 부분이 있어야 한다. 공감할 수 없는 글은 글자의 나열에 불과하고, 신선함이 없는 글은 유통 기한 임박한 재료처럼 이내 시들해진다. 내가 애정하는 작가 중 한 명인 현직 카피라이터 홍인혜 작가(카툰 〈루나파크〉로 더 유명한)는 일러스트도 너무 잘 그리고 글도 잘 쓴다. 일상을 포스팅해서 올리는 짧은 글을 읽을 때마다 공감이 가서 고개를 끄덕이게 된다. 그만큼 공감이 중요하다.

카피 노트처럼 욕을 바가지로 써놓고 비공개로 해버리면 그만이다. 그러나 글을 쓰고 누군가와 소통하고 싶다면 '닫힌 글'을 써서는 안 된다. 카피는 대중을 대상으로 물건을 팔아야 하는 매우 '열린 글'에 속한다. 처음부터 사수에게 보여주고 사람들의 평가를 받아야 한다. 그뿐인가. 광고주의 평가가 이어진 후 다시 대중의 마음까지 사로잡아야 하는 산 넘어 산의 루트가 기다리고 있다.

소심하기 짝이 없던 나는 혼자만의 글쓰기는 잘하는데 뭐라도 쓰면 다른 사람에게 보여줘야 하는 업무 때문에 맘고생이 심했다. 보여줄 때마다 얼굴이 화끈거렸다. 빨간 펜으로 지적한 것을 보면 자괴감이 들어 쥐구멍 대신에 책상 밑에 들어가 있다가 나오는 엽기적인 짓을 하기도 했다. 시간이 흐르니 뻔뻔해졌다. '카피는 글이 아니다'라는 내 멋대로 기준을 세웠더니 보여주는 게 훨씬 겁나지 않았다. 그 순간부터는 일하기가 편해졌다.

'카피는 글이 아니다'라는 말에는 어폐가 있었다. 그로부터 10년이 지나 다시 생각한 기준은 카피도 글이다. 사람의 마음을 움직이는 데는 똑같으니까 말이다. 카피라이터가 카피를 보여주는 게 쉽지 않았던 만큼 글을 쓰기 시작하는 사람들도 누군가에게 글을 보여주는 것이 분명히 쉽지 않다. 하지만 이제부터라도 작심했다면 훌훌 털어버리자. 가식도 가면도 근심도 내려놓아야 한다.

아직도 나는 블로그에 온 마음을 풀어놓지는 못한다. 그래도 가장 솔직해질 수 있는 시간은 글을 쓰겠다고 자판을 두들기는 순간부터다. 얼마나 솔직할 수 있느냐에 따라 글의 색깔, 글이 가지는 힘이 달라진다. '왜 글을 쓰고 싶은가?'를 다시 떠올려보자. 열린 글을 통해 작가가 되고, 책을 내는 일도 많아지고 있다. 두려워하지 말자.

Writer's Comment

물론 저는 아직도 일을 할 때,

카피를 공개할 때,

부끄러워 귀가 빨개집니다.

정말 솔직한 글을 쓰려면

아직 멀었나봅니다.

MONDAY

오늘의 연습

솔직한 글을 써봅니다.
창피했던가, 슬펐던가, 비굴했던가, 노여웠던가.

오늘 하루, 어땠나요?
한 사람이 왜 미웠는지,
미웠는데도 겉으로 웃으며 잘 지냈는지,
그 마음을 적어봅니다.

솔직함이란 오로지
자기 자신과 마주했을 때 나오는 거니까요.

계속 써왔습니까? 싸워왔습니까?

*무엇이든 이어갈 수 있으면
좋겠습니다*

"무슨 사진을 그렇게 찍어? 블로그에 올리려고?"

"아, 아니 그냥."

다람쥐가 나중을 생각해 도토리를 발견하면 볼이 미어터지도록 입에 넣는 것처럼 올리지도 않을, 쓰지도 않을 정체불명의 사진들을 찍는다. 어느새 쌓여간다. 수첩과 스마트폰, 노트북, 회사 컴퓨터, 외장하드와 USB, 독서 노트, 일상생활용 다이어리와 업무용 다이어리에 메모를 해둔 단상들을 하나로 모으지 못하고 수십 개의 서랍 속에 간직하고 있다. 물론 내 경우에만 해당될지도 모르겠지만.

한동안 인터넷상에 내 세상을 만들어 친구들을 불러 모으고 관계를 형성하며 즐거워했다. 노란 치즈 케이크와 하얀 거품의 카푸치노 사진을 올려놓고는 한 줄 감상을 적는 것에 기쁨을 느끼고, 테이블 위에 있는 큰 접시 속 파스타의 탱탱한 면발을 접사로 찍어놓고는 뿌듯해했다. 일상의 소소한 즐거움이란 이 정도면 충분하지 않을까 싶어서 매일 가상공간의 친구 세상에 방문하여 댓글을 달았다.

그러던 어느 날 모든 것이 시들해졌다. 블로그를 닫고 잠시 휴식기를 가졌다. 세상과의 단절을 즐기는 짜릿함이 좋았다. 그러나 곧 외로움을 참지 못하고 사람들의 시선과 관심이 간절히 그리워져서 블로그를 열어 일상을 공개한다. SNS 계정을 만들어서 또 다른 것을 올리고 반응을 살핀다. 툴을 바꾸기만 할 뿐 여전히 생활의 단면을 남기면서 쓰고 보고를 반복한다. 그러다 바쁘면 다시 시들해진다.

인간은 살기 시작할 무렵부터 세상을 써왔다. 세상을 이야기하려면 더 넓은 세상이 필요해 인터넷이라는 세상을 열었다. 우리들은 변했지만 변하지 않았다. 태어나 배운 말과 글을 쓰는 법은 잊어버리지도 않고 꾸준히 계속해왔다. 욕심은 줄어들기는커녕 커져가는 바람에 더 좋은 글을 쓰고, 더 멋진 사진을 찍는 이들을 부러워한다. 그들을 따라 가기 위해 노력하거나 시기하거나 질투한다. 사진으로 유명해진

블로거가 낸 책을 사서 사진을 잠시 공부하다가, 또 다른 블로거가 책을 내면 그 속은 쳐다보지 않은 채 부러워한다.

그들을 가만히 살펴보면 갑자기 무엇인가를 쓰고 찍어서 유명세를 타게 된 것은 아니다. 꾸준함도 재능이고 능력이다. 한 가지를 꾸준히 하다 보면 자신도 모르게 쌓여 결과물로 얻게 되는 것이 순리다. 화려한 색감으로 표현하는 화가나 사진기를 들고 세상을 담는 사진가와 달리 글을 쓰는 것은 가장 단출하기에 쉽고 편하게 표현하는 수단이라고 생각한다. 그래서인지 만만하게 본다. 하루아침에 '잘 쓸 수 있을 거야. 까짓 책 한 권 쓰는 거 어렵지 않지 뭐'라고 치부해버린다.

간절히 원하면 이루어진다는 것을 보아왔다. 어쩌면 무서워하거나 어려워하며 피하기만 하는 것보다는 막무가내로 밀어붙이는 호기 어린 생각이 더 좋을지도 모른다. 다만 잊지 말아야 할 것은 '잘 쓸 수 있지. 어려울 게 뭐 있어?'라는 생각을 이제 실천에 옮길 때가 되었다는 것이다. 하루에 몇 줄이라도 글을 남긴다면 꼭 책이라는 결과물이 아니더라도 꾸준함 뒤에 찾아오는 행복한 결과와 마주할 수 있다.

누구나 한 번쯤 지어봤던 가상공간 속에 이층집을 지어놓은 지 오래되었다. 거미줄이 쳐져 있고 먼지가 쌓였다면 먼지떨이를 들고 거미줄을 걷어내자. 오늘 한 줄의 글, 내일 두 줄의 글이 쌓여가는 기분을 느껴보자. 가상공간이 싫다면 하얀 노트 한 권을 사는 것도 좋다. 오늘은 월요일, 모두의 월요일이니까.

Writer's Comment

예전에 썼던 글과 사진,
그대의 감정을 들추면 먼지가 폴폴 나는데
그 속에는 또 다른 내가 숨어 있습니다.

손발이 오글거려도 잠깐만 참아요.
어차피 그대의 내가 아니니까
귀엽게 봐줄 수 있습니다.

MONDAY

오늘의 연습

블로그나 SNS, 서랍 속에 묵혀두었던 노트에
적힌 글을 찾아봅니다.

가장 마음에 드는 구절을 찾아서
소리 내어 읽어보거나, 한 자 한 자 꾹꾹 눌러 써봐요.

그때의 감정이 느껴질 것입니다.

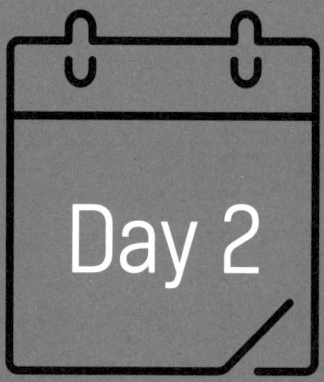

화요일

비우면 더 커지는 생각의 반경,
새로운 글은 그 안에서 날아오릅니다

멍 때리기 대회가 있다고 출전을 권했다.
언니야말로 멍 때리는 것만큼은
세상 누구보다 잘하지 않겠냐고.
물론 멍 때리기는 잘하는데
소심해서 대회에 나가 사람들 틈에 있으면
부끄러움으로 심장 박동 수가 금세 올라갈 게 뻔하다.
심장 박동 수로 1등을 가린다고 한다.
계속 평온한 상태여야 한다는 것이다.
그건 쉽지 않다.
잡생각이 들어오지 않는
멍 때리는 그 상태를 좋아하지만,
반대로 집중을 요하는 시간이 되면
아무리 빠른 노래를 듣고 있어도
어떤 노래인지 귀에 들리지 않는 쪽이 된다.

생각은 그렇게 비울 수도 있고,
계속 연결시킬 수도 있다.
글은 비움과 채움이
일어나는 과정 중에 나오는 산물이다.
좋은 글을 쓰기 위해선
그만큼의 좋은 생각의 파도가 일어나야 한다.
화요일은 불처럼 뜨거워질 수 있는
열정과 열기가 가득해
새로움을 받아들이며
사방으로 뻗어나갈 수 있는 날이다.
글쓰기를 위해 생각의 날개를 펼쳐보자.
그 날갯짓으로 창공을 향해 멋지게 비행하든지
푸드덕거리며 두어 번의 점프밖에 못하든지.

DAY 2. TUESDAY

천재들의 전유물

나의 창의력은
어디에 있을까?

　　　　　　　　　　　미술 선생님이자 화가였던 피카소의 아버지는 피카소가 열두 살 때 그린 완벽한 그림을 보고는 그림 그리는 것을 포기하고 피카소의 후원과 지지만 했다. 피카소는 창의력을 타고났으며, 그 능력을 유감없이 발휘했다. 그래, 피카소라는 전대미문의 아티스트라면 뛰어난 창의력을 타고났겠지. 원래 좀 너무 윗길에 있는 사람은 같은 급으로 놓으면 안 된다.

　천재들의 전유물이자 천재들만 지닌 능력인 창의력에 대해 깊게 생각해볼 필요가 있다. 천재들만 지닌 능력이 아니라, 우리들도 지니고 있는 능력 중 하나다. 대한민국 교육이 주입식이어서 창의력이 씨가 말랐다고 하는데, 꼭 그렇지만은 않다. 나는 사지선다형 학력고사 시절에 교육을 받았어도 창의적인 분야에 몸담았고, 죽이 되든 밥이 되든 해왔다. 주변의 친구들도 잘 해내고 있다. 창의력은 타고나기도 하지만 길러지기도 하기 때문이다.

창의성이란 새로운 것을 생각해내는 특성이고, 창의성을 가진 이들이 발휘하는 능력을 창의력이라고 한다. 《아웃라이어》, 《블링크》를 쓴 말콤 글래드웰은 창의성은 머릿속에서 우연히 생겨나는 것이 아니라, 생각과 사회 문화적 배경 사이의 상호관계에 의해 만들어지는 것이라고 정의했다. 새로운 생각이라는 창의성이 넘치는 것들을 가만히 들여다보면 새로운 것은 이제 나올 만큼 나와서 더 이상 새롭지 않다.

지금 모두가 들고 다니는 스마트폰을 예로 들어보자. 굉장히 새롭지만 한편으로는 새롭지 않다. 휴대폰 기능에 MP3, 카메라, 컴퓨터, 그 모든 것을 합체하고 새롭게 조합해서 나온 물건이다. 새롭다는 것은 '발명이 아니라 발견!'이란 말이 당연시되고 있다. 세상에 나온 것들을 새롭게 조합하는 것만으로도 무궁무진한 것들이 나올 수 있다.

창의력이란 세포 분열과 같다. 단세포로 출발했던 하나의 세포가 시간이 흐를수록 두 개가 네 개가 되고, 네 개가 열여섯 개로 늘어가는 것처럼 창의력 역시 분열의 힘이다. 그 분열의 힘을 하나로 모아내면 그것이 바로 창의력이 된다.

그럼 아이디어는 무엇일까? 희뜩한 생각이라기보다 가지고 있는 자료, 데이터베이스를 어떻게 재구성하느냐의 차이다. 지금 책상 앞에 있다면 눈에 띄는 사물 하나를 고른다. 경비 정산을 하지 못하고 나뒹굴고 있는 식당 영수증, 혹은 먹다 남은 커피가 담긴 종이컵도 좋다. 버스나 지하철 안에서 이 책을 읽고 있다면 주변의 사물 하나를 고른다. 바로 앞에 앉아 있는 40대 중반 아저씨의 낡은 구두, 혹은 어색하게 다리를 꼬고 앉아 있는 여자의 핸드백도 좋다. 하나의 사물을 머릿속으로 떠올렸을 때 우리는 과연 얼마나 그것에 대한 정보를 알고 있을까?

'구두', 사전적 의미로는 주로 가죽을 재료로 하여 만든 서양식 신발이다. 그런데 그중에서도 남자의 구두다. 나 같은 여자라면 남자의 구두에 대해서 정보가 현저히 떨어진다. 남자라면 더 잘 알까? 구두는 언제부터 신기 시작했고, 어떤 재질로 만들어지며, 어떨 때 신어야 할까? 구두는 대체 사람들에게 어떤 의미일까? 구두를 소재로 한 이야기는 없나? 구두와 비슷한 물건은 무엇이지? 머릿속에서 토네이도가 일어날 만큼 각종 정보가 한없이 연쇄반응을 일으킬 수 있다.

'어제 먹은 저녁의 식당 영수증'이라면 어제 메뉴는 뭐였지? 정성을 다해 만든 카레라이스였다. 값은 7,500원. 팀원들과 밥을 먹지 않고 혼밥을 했다. 그렇다면 혼밥에 대한 글이나 카레라이스에 대한 글을 써볼 수 있다. 영수증을 소재로 한 글은 어떤가? 영수증 잉크는 왜 검은색이 아니고 파란색일까? 사람들은 언제부터 영수증을 주고받았을까? 빛바랜 영수증을 소재로 한 미스터리를 써볼 수도 있다.

정보를 수집하고 내 것으로 만드는 작업. 그것이 바로 아이디어가 된다. 아이디어가 있어야 글을 쓰는 것도 쉬워진다는 점을 잊지 말자. 유명한 소설가는 취재하는 데만 1~2년의 시간을 들인다고 한다. 어느 날 필(feel) 받아 일필휘지로 써 내려간다는 그런 망상은 접고, 우선은 아이디어의 기본이 될 정보를 모아보도록 하자.

Writer's Comment

집중해야 생각의 꽃이
피어나기 시작합니다.
그래야 글이 써집니다.

스마트폰은
잠시 내려놓아도 좋을 시간이에요.

TUESDAY

오늘의 연습

1. 오늘 자신의 행동반경을 따라서 사물을 죽 적어봅니다.

    예) 스마트폰-빨간 하이힐-크루아상-BTS 신곡-아메리카노 샷 추가

2. 그 사물에게서 받은 느낌을 적어봅니다.

3. 자신을 가장 열 받게 했던 일을 다섯 개의 단어로 표현해 봅니다. 그리고 그 단어들이 다 들어가도록 글을 써봅니다.

    예) 아저씨, 지하철, 계단, 안경, 충돌

4. 다음 단어들을 꼭 넣어서 글을 써봅니다. 발랄하고 유쾌한 기분이 물씬 나는 분위기로 써보도록 해요.

    • 다이어리, 라이터, 유모차, 새로 산 구두, 아이스크림

5. 다음 단어들을 꼭 넣어서 글을 써봅니다. 슬픔이나 우울함 이 묻어나도록 머릿속으로 상상해봐요.

    • 명함, 스파게티, 광화문, 전화, 아메리카노

너와 나의 연결 고리

생각의 꼬리를
단단히 잡습니다

광고에서는 팔고자 하는 제품의 영역을 벗어나는 생각을 하면 안 된다. 즉 제품의 울타리 안에서 움직여야 한다. 그런 편협한 머리와 가슴으로 어느 날 소설 창작 강좌를 들었다. 강사는 생각을 하염없이 사방으로 뻗어가도 된다고 이야기했다. 그 차이가 방대한 이야기들이 나오게 되는 구심점이라는 느낌을 받았다. 펜이 어느 날 기린이 되어가는 것은 소설이고, 펜이 지구와 달의 거리를 그리는 도구가 되는 것은 광고 카피다.

둘 다 생각을 쓰는 것 같다. 글이란 결국 생각을 표현하는 것이다. 생각이 뻗어가는 것을 넋 놓고 앉아 내버려두면 클릭해서 다른 세상을 열고, 또 클릭해서 다른 세상을 열고, 결국 내가 뭘 찾으려고 검색을 시작했는지조차 까먹게 되는 것처럼 기현상을 느끼게 된다. 생각의 꼬리를 잘 잡고 있어야 한다. 한번 놓치기 시작하면 이 생각이란 놈은 날개를 달고 공기를 배 안에 잔뜩 넣은 채 훌훌 날아가 버린다. 꼬리를 단단히 잡고 생각해야 연결 고리가 탄탄해지고, 수많은 생각의 풍선이 생겨나서 풍성해진다.

일기를 쓸 때도 마찬가지다. 생각의 연결을 떠올려본다. '나는 밥을 먹었다. 출근을 했다. 거래처 사람을 만났다. 열 받아서 씩씩대며 돌아와 드라마 한 편을 보고 잤다'와 같은 매우 일상적인 문장을 쓰는 것보다 아이디어를 담아보자! 어떻게?

창의적인 생각의 기본은 의식과 무의식을 오가며 상상해야 하는데, 그 전에 연상이 먼저다. 생각나는 것을 하나씩 써보면서 그물처럼 만들어본다. 형태적 접근과 의미적 접근으로 나눠볼 수도 있겠지만, 그냥 편하게 떠오르는 대로 적는다. 떠오르는 단어를 비틀어보는 습관을 갖는 게 이 연습의 핵심이다. 창의적 생각의 기본은 '스스로 독립적으로 생각하라. 마음 깊이'로 의식과 무의식을 오가며 상상하는 것이다. 그러나 그 전에 연상이 먼저다.

마인드맵이라고 하는 도구를 글쓰기에 가져온 것이다. 보통은 이렇게 연습해서 카피라이터들은 새로운 콘셉트를 내놓을 때 활용한다. 그렇다면 누구나 할 수 있는 마인드맵으로 평범한 라면을 독특한 라면으로 만들어보자.

'라면' 하면 떠오르는 다양한 이미지들이 있을 것이다. 생각의 흐름대로 적어본다. 꽤 많은 단어가 등장할 것이다. 그중 잘 어울릴 만한 것을 묶어본다.

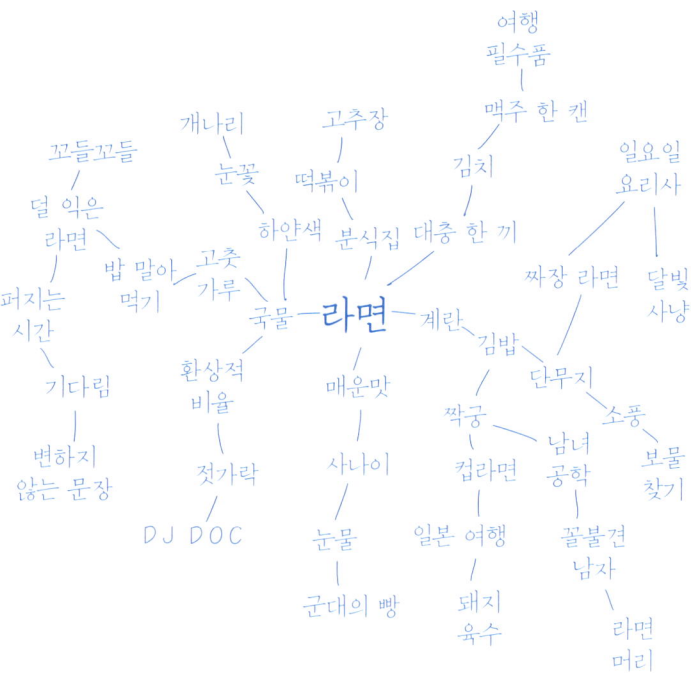

예)   눈꽃 라면이 퍼지는 시간

　　　눈이 녹는 시간

　　　젓가락 눈물

　　　내 짝꿍은 일요일에만 요리사

재미있을 것 같거나 독특한 것을 묶어서 동그라미를 친다. 이런 식으로 반전의 어휘를 묶어 이야기를 구상해본다. 그러다 보면 원래 중심에 두었던 단어와 연관성이 있는 독특하고 재미있는 말들이 툭툭 튀어나올 것이다. 그런 후에 다시 본다. 라면이란 단순한 단어가 '눈꽃 라면이 퍼지는 시간'처럼 호기심을 자극하는 문장으로 변했다.

여러분의 라면은 어떻게 변했을까? 콘셉트란 자신만의 시각으로 특별히 의도한 것을 말한다. 나의 라면은 이제 눈꽃으로 끓인 라면일 수도 있고, 눈꽃을 닮은 하얀색 라면일 수도 있다. 글의 제목이나 글에서 강조하고 싶은 이야기를 쓸 때는 이런 방법을 활용해본다. 자신이 이제껏 써오던 문장과는 달라지는 것을 느낄 수 있다.

피자에 토핑을 얹듯이 민둥민둥한 글에 향긋함을 더해줄 허브, 쭉쭉 늘어나는 치즈, 구수한 감자, 어울릴 것 같지 않은 파인애플도 올려보자. 어울릴 것 같지 않은 단어와 단어의 조합이 가져다주는 신선한 충격을 느껴보자.

마인드맵으로 콘셉트 도출하기

1. 단어 선정 후 가지치기를 할 때부터 생각을 비틀어가며 적는다. 누구나 연상할 수 있는 단어가 아닌 한 단계 비틀어서 생각하고 적는 것이 포인트.

2. 명사나 동사보다는 형용사와 명사의 조합으로 가지치기를 한다. 처음에는 그냥 바로 연상되는 것을 적게 되겠지만, 연습하다 보면 누구나 아는 것이 아닌 나만의 것을 적게 될 것이다. '커피' 하면 종이컵이 아니라 '벚꽃이 그려진 텀블러', '한글로 디자인된 머그컵'과 같이 자신만이 아는 것, 평이한 것이 아닌 독특한 것으로 치환하여 적는다.

3. 종이 위에서 연습하다가 좀 익숙해지면 머릿속으로 한다. 머릿속에 떠올리면 영상이나 장면들로 가지치기를 할 수 있어 더욱 좋다. 단, 집중력이 떨어지면 바로 다른 생각이 들기 때문에 연습할 때는 적는 것이 효율적이다.

Writer's Comment

머릿속으로 상상의 나래를 펼치다 보면

아름다운 이야기가 저절로 나오게 될 것입니다.

굳이 억지로

갖다 붙이지 않아도 말이죠.

오늘의 연습

제시된 단어를 두고 자신의 경험 속 단어의 의미를 적어봅니다.

누구나 말할 수 있는 것이 아닌
자신만이 느꼈던 것들을 떠올립니다.
가지치기를 열심히 해보고 막힌다 싶으면
다른 쪽을 더 연결시켜봅니다.

'공항의 창문'은 당신에게 어떤 의미인가요?
'스파게티와 비빔국수'는 어떤 차이가 있을까요?
자신만의 특별한 경험 속 단어의 의미를 적는 게 가장 좋습니다.

- 공항의 창문
- 스파게티와 비빔국수
- 가면
- 그네
- 우산

사진기의 눈

예리한 관찰이
중요합니다

아직도 기억나는 즐거운 풍경이 하나 있다. 빛이 잘 들어오는 창문가의 화분에 물도 주고 볕도 쬐어주며 식물의 성장 일기를 썼다. 며칠 동안 화분에 물만 주고 흙에서 아무것도 나오지 않았는데도 '변화 없음'이라든가 '드디어 지름 0.5센티미터 싹이 나옴' 같은 것을 적었다. 자를 대고 식물 줄기의 키를 재고, 잎이 나오면 크기를 잰 후에 그림을 그렸다. 요리조리 살펴보면서 기록을 남겼다. 관찰 일기라는 걸 요즘 학생들도 쓰는

지는 모르겠지만, 관찰 일기를 쓰는 버릇을 계속했더라면 어땠을까 생각해보곤 한다. 나의 관찰력은 그때부터 좋아진 것인지도 모른다.

작가들은 똑같은 물건을 봐도 어떻게 저런 표현을 하나 싶은 적이 많다. 그들의 눈도 두 개, 우리도 두 개인데 왜 그들은 같은 것을 다르게 표현할 줄 아는 건가? 그것은 '관찰의 힘'이 더해졌기 때문이다. 사물의 이면을 바라볼 줄 아는 것, 그 능력을 키우기 위해서는 관찰이 필요하다.

코난 도일의 매력적인 이야기 《셜록 홈즈》를 보면 (읽지 않았다면 BBC에서 방영한 드라마 〈셜록〉을 보자) 셜록은 오로지 관찰력으로 사건의 단서를 찾아내곤 한다. 그의 친구 왓슨이 놀라워서 자네는 어쩌면 그렇게 잘 아느냐고 묻는다. 그러자 사람들은 그냥 보는 것이고, 자신은 관찰을 한다고 이야기한다. 그러고는 다시 올라오는 계단의 개수가 몇 개냐고 왓슨에게 묻는다. 왓슨은 선뜻 대답하지 못한다.

관찰의 힘이 중요하다. 보통 우리들은 그냥 본다. 사물을 보고, 풍경을 보고, 사람을 본다. 관찰이라 함은 자세히 오랫동안 세밀하게 유추하며 보는 것을 의미한다. 셜록처럼 한 번 본 것을 앞뒤 인과관계까지 단번에 꿰어 자신만의 정보로 만들 수는 없겠지만, 그냥 무의미하게 스쳐 지나가는 것이라도 좀 자세히 보자. 자세히 보아야, 오래 보아야 예쁘다는 것을 알게 되는 그 순간까지 말이다. 글을 쓸 때 머릿속에 잔상이 많이 남았어야 쉽게 꺼내 쓸 수 있다.

앞에서 말한 '생각의 연상법'에 관찰력이 더해지면 글쓰기가 훨씬 수월해진다. 라면 봉지의 패키지가 바뀐 것을 나만 눈치챘다면, 함께 먹은 누군가의 젓가락만 짝짝이였다면, 라면을 끓였던 냄비의 색깔이 얼룩덜룩했다면 거기에서 '왜?'라는 질문이 시작될 것이다. 단순한 라면이 스릴러의 소재가 될 수도 있고, 라면 덕후의 일상에 대해 쓸 수도 있다. 그냥 라면을 끓여 먹었던 평범한 과정에 세부적인 그림을 그려주는 것은 관찰력이다.

매일 출근 시간에 만나는 아저씨는 키가 크고 안경을 썼다.

이렇게 쓰면 구체적으로 그려지지 않는다. 그러나 아래와 같이 쓰면 확실히 어떤 스타일인지 그를 모르는 사람도 대략은 상상이 될 것이다.

190센티미터가 넘는 키에 코듀로이 소재의 갈색 외투를 입고 그 안에는 양복 정장을 입었다. 사각형 금속 안경테를 쓰고, 검은색과 카키색이 섞인 서류 가방을 늘 오른쪽에 맨 채 성큼성큼 걸어서 나를 앞질러 간다.

머릿속 장면이 스케치가 되듯이 그려진다. 나는 그를 기억할 이유는 굳이 없었지만, 아무리 추워도 두꺼운 외투를 입지 않는 가장의 뒷모습이 각인되었다. 그리고 계속 혼자 생각한다. 두꺼운 외투를 입지 않는 것은 아마도 큰 체구 때문일 것이라고. 때로는 관찰력이 아닌 공감력이 필요할 때도 있다. 바로 감정을 실어야 할 때다. 관찰을 통해 묘사가 쉬워지고, 공감을 통해 감정이 증폭된다. 관찰과 공감은 글을 쓰게 만드는 축인 셈이다.

관찰력을 높일 수 있는 매우 쉬운 방법을 소개한다.

아이템 묘사하기

책상 위에 있는 사물 하나를 선정해서 열 줄 이상 써본다. 예를 들면 텀블러의 형태, 색깔, 모양, 기능을 다각도로 써보는 것이다. 그렇게 연습하다 보면 사물을 떠올렸을 때 새로운 시각도 동시에 떠올릴 수 있다. 책상 위에 있는 노트북을 다각도로 묘사해보자!

풍경 스케치하기

오늘 아침 출근길에 봤던 풍경을 네 줄 이상 써본다. 화가는 크로키라고 해서 순식간에 순간을 포착하여 그림을 그린다. 글 쓰는 것도 비슷하게 훈련할 수 있다. 순간의 장면을 사진 찍듯이 머릿속에 넣어두었다가 묘사한다.

사진으로 순간 포착하기

관찰이 힘들다면 휴대폰 카메라로 순간마다 사진 찍기를 권한다. 사진을 찍을 때는 장면이나 사물을 다시 고쳐보는 시각이 생긴다. 뷰 파인더로 찰칵 하는 그 순간은 풍경을 멈춤으로 만드는 것이므로 관찰이 개입된다. 사진을 찍고 나서 가끔 찍었던 그 순간을 떠올려본다. 그 행위만으로도 충분히 새로운 생각의 싹이 자랄 것이다.

Writer's Comment

관찰이란 어쩌면 관심의 시작입니다.

싫은 것은 쳐다보고 기억하기도 싫으니까요.

그래서 글을 쓴다는 것은

사랑과 애정이 수반되어야 한다는 뜻이겠죠.

TUESDAY

오늘의 연습

좋아하는 물건, 음악, 사람, 건물, 길, 장소 등
아이템 하나를 정해서 관찰 일기를 써봅니다.

드라마 속 여주인공의 헤어스타일이
장면마다 어떻게 다른지,
오늘은 어떤 색다른 옷을 입고 나왔는지,
어제와 비교할 수 있을 만큼 새로운 부분을 찾아내봅니다.

글길을 안내하는 표지판

가는 길을
헤매지 않도록 세웁니다

　　　　　　　　　　　　　　　　　　　　몇 해 전 친구와
파리로 여행을 갔다. 구글의 로드맵에선 찾기 쉬웠던 파리의 길이 막
상 걸으니 쉽지 않았다. 결국 길을 잃었다. 영화 〈미드나잇 인 파리〉
에서는 그렇게 길을 잃으면 시간도 건너뛰고 세계적인 작가도 만난다
는데 영화는 영화일 뿐, 나는 파리가 싫어지는 지경에 이르고 말았다.
아름답지만 쌀쌀맞은 표정의 파리지앵, 옷과 피부 사이를 파고드는
차가운 여름 바람, 시간을 머금은 채 도도하게 아래를 바라보던 석조

건물 사이에서 정신을 똑바로 차릴 수 없었다. 나를 한 번 본 적도 없는데 따뜻하게 반겨주던 스페인의 바르셀로나를 떠나 파리에 당도해서인지 더 정이 가지 않았다.

길을 잃고 헤매다 두리번거리던 우리는 결국 동양인에게 말을 걸었다. 그녀는 한국 사람이었다. 타지에서 듣는 한국말이라니, 그것도 그곳에 사는 사람이 알려주는 한국말. 순간 아득했던 뇌에 청신호가 들어간 것처럼 반짝하고 불이 켜졌다. 그 사람의 말소리가 표지판이 되었다. 방향키가 되었다. 내용보다 한국말이 들리는 순간의 그 벅차오르는 안도감이란.

생각이 끝없이 뻗어가다 보면 길을 잃고 헤맨다. 정작 쓰고 싶은 게 뭔지도 헷갈리게 된다. 무엇을 쓸 것인가를 정하는 데 생각을 사방팔방으로 뻗다 보면 예쁜 말만 남거나 희한한 단어의 조합만 남는다. 메시지가 차곡차곡 쌓이지 않고 흩어진다. 정신줄을 꽉 붙들고 방향을 잡아야 그 길을 걸을 수 있다. 글의 주제를 깊이 생각하지 않으면 한 걸음도 나아가지 못한다.

방향을 세워보자. 주말에 서촌의 골목길을 다녀왔다. 맛집도 갔고, 사진도 찍어왔다. 느낀 점이 있었다. 그런데 그 감상이 뾰족하진 않다. 그냥 '골목길'에 관한 글을 써보려고 한다. 맨 처음 어떤 게 필요할까? 골목길에서 일어났던 추억을 소환해보지만 인상 깊은 추억이 없다. 그렇다면 방향을 틀어 골목길에 낭만만 있는 게 아니라 낭만의 이면을 글로 쓸 수 있다. 쇠락한 골목길과 젠트리피케이션을 향해 달려가는 것도 좋다.

묵직한 이야기보다 골목길에서 느껴지는 옛 정취를 전해주고 싶다면 골목대장과 꼬마들이 딱지나 구슬치기, 술래잡기를 하며 깜깜해질 때까지 노는 모습을 묘사할 수도 있다. 사라져가는 것에 대한 아쉬움을 써보고 싶다면 해 질 녘 두부 장수의 종소리는 어떤가. 으스러져 가던 담벼락에 그린 벽화가 사람들의 이목을 끌면서 관광 명소로 탈바꿈한 점을 써도 상관없다. 글쓰기에 정답은 없다. 읽는 이가 머릿속으로 아련하게나마 골목길을 떠올릴 수 있도록 하면 된다. 그리고 글쓴이의 방향을 따라 길을 잃지 않고 따라올 수 있도록 살살 이끌면 된다.

'혼술'에 관한 글을 쓰려고 한다. 혼술은 소재, 즉 글감일 뿐이다. 여럿보다는 혼자가 편한 심리 상태를 반영한다거나, 경제적으로 지갑 사정이 넉넉하지 않은 탓에 어쩔 수 없이 선택한 행위라는 점을 이야기할 수 있다. 혼술의 방법, 혼술의 주종, 혼술하기 좋은 시간을 소개하는 것도 괜찮다. 혼술의 주종으로 맥주를 골랐다면 365일 날마다 다른 캔 맥주를 마시면서 그 맛을 기록해본다. 혼술에 어울리는 음악, 책, 영화를 소개하면 한 권의 책도 만들어질 것이다. 단, 혼술보다 같이 모여서 먹던 술 문화가 좋다고 결론을 맺지 않도록 방향을 확실히 해둘 필요가 있다.

가장 자신 있고 당당하게 쓸 수 있는 소재로 시작해보자. 방향을 세우려면 먼저 말하고자 하는 게 있어야 한다. 머릿속으로 어떤 이야기를 꺼내야 좋을까? 오늘의 일기라고 해도 광고주의 몰상식한 행동에 대한 비난인지, 그 행동에 능수능란하게 대처하지 못해서 느낀 작은 분노인지, 나는 그렇게 살지 말아야겠다는 자기 성찰인지 등 무엇을 말하고자 하는지 확실히 보여야 한다. 그게 단 한 문단일지라도 말이다.

Writer's Comment

글은 원래 마음 가는 대로 쓰는 건데
그 마음의 끝에는 분명히 결론이 있을 것입니다.

그곳을 향해서 뚜벅뚜벅 걸어가 봐요.
길을 잃지 말고요.

TUESDAY

오늘의 연습

1. 글감을 찾아봅니다. 오늘의 일과 중에 희한한 일이든 평범한 일이든 기록으로 남기고 싶은 것을 찾아 적어봅니다. 마인드맵으로 재미있는 어휘를 찾아서 적어놓는 것도 잊지 마세요.

2. 표지판을 세웁니다. 인생의 무상함을 말할까? 오늘보다 내일이 더 좋아질 거라는 희망을 말할까? 생각의 방향을 나름 정합니다.

3. 그 표지판을 향해 천천히 한 줄씩 적어갑니다. 적어도 그러면 길을 잃고 헤매는 글은 되지 않습니다.

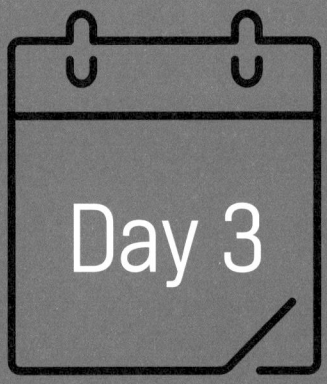

수요일

남과 다른 나만의 특별한 글,
그 뼈대는 스타일에서 잡힙니다

DAY 3. WEDNESDAY

키가 작은 편에 속한다.
아무리 예쁜 옷을 입어도 스타일이 나오지 않는다.
물론 패션의 완성은 얼굴이란 진리가 있지만.
그래도 한 뼘 정도만 컸어도
옷을 멋지게 입지 않았을까 하는
미련이 생긴다.
작은 키인데도 자꾸 긴 옷을 입으며 펄럭거린다.
키 작은 이에게는 어울리지 않는데
내가 좋으니 그렇게 입는다.
그러다 보니 그게 내 스타일이 되었다.
사람의 얼굴이 다르고, 신체 조건이 다르고
그러다 보니 제각각의 스타일이 있다.

글도 마찬가지다.
이제 글을 보면 그 사람의 됨됨이까지는 아니어도
글에서 느껴지는 향기로
어떤 사람인지 대강 감이 온다.
마음이 따뜻하고 순수하구나.
까칠한데 열정은 가득하구나.
예민한데 느긋하구나.
모두가 다른 외양을 지니고 있는 것처럼
글도 스타일이 다르다.
자신만의 스타일을 찾아야 한다.
스타일을 찾기 위해서는 적당한 꾸밈이 필요한 법.
수요일은 가장 못생겨지는 날이라고 하는데,
글쓰기로는 가장 멋진 날이 되기를.

글감의 문

냉장고를
열어봅니다

JTBC의 독보적인 예능 프로그램 〈냉장고를 부탁해〉. 프로그램이 처음 나왔을 때 시청자로서 좀 놀랐다. 출연자들이 냉장고 속을 만천하에 드러내는 것도 쉽지 않았겠지만, 냉장고 속의 재료로 15분 만에 요리하는 셰프들도 대단해 보였다. 볼 때마다 늘 경이롭다.

 냉장고 속에는 저마다의 취향에 따라 다양한 식재료들이 들어 있었다. 어떤 연예인의 냉장고에는 육해공 없는 식재료 없이 다 있어 입과

눈이 호강하고, 어떤 연예인의 냉장고에는 요리할 만한 재료가 별로 없어 셰프들이 난감해했다. 전자는 활용할 수 있는 게 많아서 셰프들도 즐거운 표정으로 준비하고, 후자는 저런 재료로 음식 형태를 만드는 것이 가능할까 싶어 난색을 표한다.

요리도 글도 비슷하다. 재료가 많으면 아무래도 요리의 가짓수가 늘어나고 풍미가 더 살아난다. 신선한 재료가 가진 힘이 크다. 단맛을 내려면 설탕으로도 충분하겠지만, 홍시가 있다면 홍시 맛이 나는 단맛이 된다. 라면 하나를 끓여도 해물이 들어가면 국물 맛이 훨씬 깊고 시원하다.

냉장고 속을 살펴서 음식 준비를 하는 것처럼 글을 쓰기 위해서는 일상생활 속 쟁여놓은 이야기들을 들여다봐야 한다. 페이지를 꺼내놓고 글을 써보겠다고 작정한들 절대 써지지 않는다. 글은 재료가 있어야 한다. 어릴 적 방학 숙제로 일기를 쓰던 때를 떠올려보자. 겨울 방학이든 여름 방학이든 놀 때는 신나지만 지루하기도 하다. 아침에 일어나 아침밥을 먹고, 친구들과 재미나게 놀다가 점심밥을 먹고, 책을 읽으며 방학 숙제를 하고 나면 금세 저녁이다. 저녁밥을 먹고 TV를 보다가 잠이 들면 하루가 간다. 그것을 일기의 내용으로 채우다 보면 그날이 그날인 똑같은 일기가 될 수밖에 없다.

새로운 경험을 하게 되면 그날은 일기가 풍성해졌다. 이모와 그림을 그렸다든가, 할아버지와 집 만들기를 했다든가, 사촌동생들과 수

영장에 갔다든가 하면 일기도 재미있어졌다. 다양한 경험들이 글의 좋은 재료가 되었다.

이제 그런 재료를 꺼내보자. 우리의 일상은 초등학교 때 일기를 쓰는 것처럼 새로울 것이 없다. 매일 지하철과 버스를 타고 똑같은 루트를 따라 움직여서 하나도 새로울 것 없는 일상을 산다. 그렇다면 글 재료는 어디서 가져와야 할까? 창의적인 생각에서 출발해야 한다. 이렇게 말만 하고는 나 역시 매일 글을 쓰지 않는다. 하는 일이 따로 있다 보니 일기를 쓰는 것도 쉽지 않다. 블로그에 적는 일기조차 공들여 적지 않는다. 다만 하고 싶은 말이나 기록해두어야지 싶었던 것들은 메모를 해둔다.

일기를 모았다가 쓸 때도 단초가 되는 경험이나 느낌을 머릿속으로 마인드맵에 돌려본다. 그것만으로도 글 재료가 생긴다. 며칠 전 친구와 카페에 앉아서 수다를 떨던 소중한 시간이 떠오른다. 달콤한 레몬차와 속내를 털어놓은 친구의 이야기. 그 순간을 그려보고 싶다면 가운데에 '수다'를 써보자. 물론 그 상황을 늘 쓰던 대로 늘어놓아도 좋다. 하지만 여기서 더 나아가 창의적으로 써보고 싶다면 그냥 대충 하던 것에서 벗어나 새로운 어휘를 떠올려야 한다. 재료가 똑같아도 다른 요리가 나올 수 있음을 잊지 말자.

가운데 '수다'라는 매우 보편적인 단어를 놓아보자. 그리고 수다를 떨면서 나눴던 대화를 떠올린다. 오래전 헤어진 연인이 생각나려던 참에 친구의 새로운 연애담도 들었다. 카페 안에는 다른 커플들이 다정하게 이야기를 나누고, 시간이 어떻게 흐르는지 모르게 수다의 삼매경에 빠져든다. 머릿속으로 떠올린 후 상황을 적는다. 단, 건조한 단어가 아닌 감정과 경험이 들어간 단어를 적는다.

적다 보면 어느새 그 상황 속으로 몰입해서 들어간다. 지나간 연애담도, 새콤달콤한 레몬차의 추억도 떠오른다. 여행 계획의 수다도 언젠가는 실천해볼 것들로 연결된다. 이제 수많은 글감이 둥둥 떠다니게 될 것이다. 그중 하나를 낚아채서는 '그날의 수다'에 관한 글을 써보자. 이때 놓치지 말아야 할 점은 글감들이 따로 놀기 시작하면 안 된다는 점이다.

냉장고 속 다양한 재료들이 하나의 요리가 되듯 글감들이 하나로 뭉쳐져야 글이 된다. 그러기 위해서는 생각이란 녀석이 들어가야 한다. 어떤 생각일까? '사랑'에 치중하고 싶다면 사랑의 결을 나타내는 방향으로, '씁쓸한 후회'로 마음이 움직인다면 떨쳐내지 못한 미련을 그리는 방향으로 잡는다. 방향을 잡은 후에는 어휘를 모아서 마음이 가는 대로 네 줄 정도 적어보자.

겨울과 봄 사이 햇빛이 들어오는 카페에서의 시간
레몬차의 달콤함보다는 지난 사랑의 후회로 입이 썼다.

커플끼리의 웃음은 괜한 질투로 다가왔다.
시간이 흐르면 세상 모든 이별 또한 위로가 될 수 있을까?

나는 이렇게 적었다. 당신은 어떤 이야기가 나올 수 있을까?

Writer's Comment

한 줄도 쓰기 힘들 때가 있고

토해내듯이

글이 막 딸려 나올 때가 있습니다.

그건, 마음속에서 자라고 있는

나무 때문인 것 같아요.

WEDNESDAY

오늘의 연습

1. 주말의 풍경을 떠올려봅니다. 단어들을 조합해서 어휘를 머릿속에 만들어봅니다.

예) 축구장에서 들려오는 열띤 함성. 늦잠을 방해하는 드릴 소리. 느리게 떨어지는 빗방울

2. 그렇게 만들어진 어휘를 중심으로 문장을 써봅니다.

예) 늦잠을 방해하는 드릴 소리에 벌떡 일어났다. 집에는 아무도 없었다. 배가 고파 냉장고를 여는 순간, 드릴 소리는 다시 시작되었다. 옆집일까? 아랫집일까? 벽과 바닥에 귀를 기울였다. 결국 들리는 것은 내 배 속에서 나는 '꼬르륵' 소리.

밀가루 반죽처럼

네 줄 쓰고 네 줄 더하고
계속 늘려봅니다

　　　　　　　　　　　　　　어릴 적 화강암과 퇴적암을
구분하게 되었을 때 묘한 기분에 사로잡혔다. 특히 퇴적암의 단면을
본 순간 오랫동안 쌓인 시간의 흔적이 느껴져 말로 표현하지 못할 찌
릿함이 전해졌다. 세월의 흐름을 고스란히 안고 흙이 조금씩 쌓이고
쌓여 늘어가는 돌의 두께. 그 퇴적 현상은 글을 쓰는 것과 비슷하다.
소림사에서 무술을 연마하는 것은 아니더라도 글쓰기를 하려면 역시
나 그런 과정을 거쳐야 한다. 하루아침에 번개를 맞은 것처럼 세상을

주름잡는 고수의 글쟁이가 될 수는 없다. 조금씩 더하고 더하다 보면 하나의 글이 완성된다. 그 축적에는 감상과 감정, 관찰력과 창의성 그리고 기술이 필요하다.

지금까지 내 안에 숨어 있던 어휘를 꺼내는 연습을 조금 했다. 이제는 그것을 살살 다독이고 불리는 연습을 해볼 차례다. 어제저녁 새끼발가락이 끊어질 뻔했다. 물론 과장법을 써서 표현한 것이다. 지하철에서 한 남자를 봤다. 배가 볼록 나온 그는 내 발을 밟고도 아무렇지 않은 표정으로 유유히 내렸다. 어떤가? 분명히 화가 났을 것이다. 이내 '에이, 뭐 저런 인간이 다 있어. 가다가 확 넘어져라' 하고 유치한 생각을 할 수 있다. 그러고는 잊었다. 그런데 오늘 아침 그 남자에 대한 글을 써보고 싶어졌다.

먼저 그 남자를 하얀 백지 가운데에 놓아보자. 어떤 방향의 글이 탄생될까?

구두, 희생, 새끼발가락, 남자, 배불뚝이,
뻔뻔함, 이중인격, 무매너, 무례함, 예의, 사과

이 정도 떠오를 것이다. 그렇다면 이제 재료들이 구비되었다. 네 줄의 글을 써본다.

그 남자가 밟은 내 소중한 새끼발가락.
배불뚝이 남자는 그 체중으로 내 발을 밟았다.
미안하다는 사과도 없이 간 뻔뻔한 인간.
타인에게는 매정해도 자식과 아내에게는 다정한 아빠이자 남편이겠지.

내 감정과 내 상황에서 나올 수 있는 글이다. 당신이라면 어떻게 쓸 수 있을까? 지금 당장 써보자! 그 남자를 가운데에 놓고 그때의 상황을 상상해본다. 머릿속에 떠오르는 단어나 어휘를 아무렇게나 방사형으로 써본다. 그런 식으로 다양하게 뻗어가다 보면 건질 단어나 어휘가 많이 나올 것이다. 그 남자에게서 받은 작은 분노가 복수심으로 뻗어간다면 새로운 이야기에 닿을 수도 있다. 새끼발가락을 밟은 그 남자가 어떤 임무를 띠고 돌아다니는 사람이라면 더 재미있지 않을까? 발을 밟힌 것에 대한 푸념을 넘어 상상의 날개를 활짝 펼 수 있다.

이제 네 줄의 글에다가 살을 좀 붙여본다. 상상력도 더해본다.

그 남자에 밟힌 내 새끼발가락은 시퍼렇게 피멍이 들었다.
90킬로그램은 족히 되어 보이는 남자는 온 힘을 다한 그 체중으로 내 발을 밟았다.
미안하다는 사과도 없이 간 뻔뻔한 인간.

집에서 기다리는 토끼 같은 딸에게는 더없이 다정하겠지.
남에게는 무정한 이중인격자 나쁜 놈.
오늘 내 발가락은 희생당했지만, 내일의 나는 오늘보다 더 생생해질 것이다.
이중인격자들을 향한 복수의 칼날을 갈 것이다.
나는 9센티미터 빨간 하이힐을 신발장에서 꺼냈다.

네 줄의 글이 여덟 줄의 글로 늘어났다. 그리고 결론까지 생겼다. 어제저녁 발을 밟힌 단순한 사건에서 구체적이고도 솔직한 감정이 섞인 글이 탄생되었다. 처음은 그냥 상황만 있었을 뿐이다. 한 남자에 대한 분노가 들어가면서 어느새 타인을 향한 복수심으로 발전했다(물론 웃자고 쓰는 글이니까 이러시면 안 됩니다).

누구나 다 아는 뻔한 교훈으로 결론을 맺는 것은 너무 재미없다. 재미있는 결론을 향해 상상력을 더해보자. 짧은 글을 쓰는 게 편해지면 그다음부터는 더욱 쉬워진다. 오늘부터 네 줄 쓰고 여덟 줄로 늘려보는 연습을 해보자.

Writer's Comment

왜 네 줄이냐고요? 베이스 기타가 네 줄이거든요.

그렇게 베이스를 만들어가는 것이랍니다.

물론 꼭 네 줄이 아니어도 됩니다.

다섯 줄이든 여섯 줄이든 쓰고 난 후에

두 배로 늘려보세요!

WEDNESDAY

오늘의 연습

1. 오늘 점심시간에 본 가장 인상 깊었던 장면을 한번 묘사해 보세요. 단, 네 줄로 묘사해야 합니다.

2. 최근에 읽은 책의 한 구절을 옮겨 적습니다. 그 안에서 발견한 단어 하나를 네 줄의 글로 발전시켜보세요.

3. 메모를 해두었던 짧은 글을 여덟 줄로 늘려보세요. 중간마다 자신의 생각과 경험이 녹아 들어가야 합니다. 단어를 고를 때도 새로운 것을 고르려고 노력해보세요. 예를 들어 '힘들다'보다는 '등골이 빠지겠다', '아, 어렵다'보다는 '미적분만큼 어렵다'로 범위를 넓혀갑니다.

모두의 문체

스스로
만들어가야 합니다

각자 좋아하는 또는 잘 어울리는 헤어스타일이 있다. 내게 꼭 맞는 헤어스타일을 찾기 위해 머리카락에 안 해본 것이 없었는데, 헤매고 헤매다 당도한 종착역은 짧은 커트머리다. 이 헤어스타일은 이미 일곱 살 때 머리를 묶어주기 싫어서 엄마가 해준 바가지 머리와 크게 다를 바 없다. 귀여움을 한껏 뽐내는 양 갈래 머리를 하고 싶어서 길렀는데, 어느 날 싹둑 잘렸다. 단발머리 학생 때를 지나 볶아보고 잘라보고 길러보고 이것저 것 해보다가 결론은 쇼트커트가 내게 가장 잘 어울리는 헤어스타일로 자리 잡게 되었다.

글도 마찬가지다. 글의 스타일은 어떤가? 광고 일을 하는 사람들은 보통 광고주의 입맛에 맞출 수 있다. "오더만 내려주십시오. 전, 준비되어 있습니다. 진중한 방향? 아니면 웃긴 방향? 엽기적인 방향? 어렵고 철학적인 방향? 다 써드릴게요. 걱정 마세요"라고 말이다. 되게 없어 보이고 모양 빠지긴 한데 상업적인 글을 쓰는 사람이니 이런 자신감과 능력을 자랑삼아 말한다.

나도 광고주가 원하는 방향에 따라 자유자재로 쓸 수 있다. 어떤 스타일이든 맞춰주도록 훈련되어 있기 때문이다. 그 기반에는 대중을 상대로 제품을 파는 광고가 자리하고 있다. 제품을 구매하도록 설득해야 하니까 가능한 것이다. 그러나 특화된 포지션이 다 달라서 카피라이터라고 해도 어떤 이는 진중한 카피를 잘 쓰고, 어떤 이는 트렌디하고 가벼운 카피를 잘 쓴다. 스타일은 같을 수 없다.

그렇다면 스타일은 어떻게 만들어질까? 내게도 해당되는 질문이다. 스타일에 대한 고민. 글쓰기 수업을 진행할 때를 돌이켜보면 글을 꼼꼼히 읽는 것만으로도 글쓴이의 심적 상태와 처한 상황을 알게 된다. 신기가 있어서는 결코 아니다. 선택하는 단어, 문장의 흐름, 톤 앤 매너에 따라 각자의 스타일이 도드라진다.

스타일이 있고 없고

글쓴이의 개성적인 특색을 나타내는 문체(style)는 그 종류가 다양하다. 간결체는 짧고 간결한 문장으로 내용을 명쾌하게 표현하는 문체다. 만연체는 많은 어구를 이용하여 꾸미고 덧붙이며 문장을 길게 표현하는 문체로, 문장의 긴밀성이 떨어진다는 것이 단점이다. 문장을 부드럽고 우아하고 순하게 표현하는 우유체도 있고, 굳세고 힘차게 느껴지도록 쓰는 강건체도 있다. 비유와 수식이 많은 화려체도 있고, 비유나 꾸밈이 적고 핵심 내용만 전달하는 건조체도 있다. 이 문체들은 형식적으로 나눠놓은 것일 뿐 글을 쓰다 보면 적당히 섞이게 마련이다.

내 톤은 어디쯤에 있을까?

위트가 넘치는 글을 쓰는 이들이 있다. 나는 이분의 소설도 좋아하지만, 소설과 다르게 에세이 글맛을 더 좋아한다. 바로 무라카미 하루키. 특히 소설을 쓸 때와 힘을 빼고 에세이를 쓸 때의 톤이 달라 책 읽는 즐거움을 선사한다. 위트 하면 빼놓을 수 없는 작가 중에 빌 브라이슨도 있다. 3,360킬로미터의 애팔래치아 트레일 종주 기록을 담은 《나를 부르는 숲》은 급박한 상황에서도 놓치지 않는 웃음 코드 때문에 두꺼운 책이었는데도 단숨에 읽었다. 너무 재미있어서 나도 애팔래치아 트레일 종주를 하고 싶다고 생각했을 정도다. 작가들의 톤과 스타일을 흉내 낼 수 없다. 하지만 계속 쓰다 보면 분명 자신만의 톤을 찾을 것이다.

이것만은 권하고 싶지 않지만

언제부턴가 '급식체'라는 게 등장했다. 호불호를 떠나 사회 현상이라 이 또한 지나가려니 한다. '-각'이란 것도 사실 당구 용어에서 나왔고, '개-'라는 접두어도 우리가 안 쓰던 말은 아니다. 안 좋을 때 붙이던 접두어가 이젠 '개좋아'로 변형되어 쓰인다. 새롭게 만들어진 문체도 유행을 타다가 언젠가는 사라지게 될 것이다. 우리가 PC통신 시절에 쓰던 줄임말을 지금은 어느 누구도 쓰지 않는 것처럼. 유행을 타는 문체가 자신의 글을 대변할 수 없다. 남들이 쓴다고 따라 쓰거나 공부할 필요가 전혀 없다는 뜻이다. 자신만의 고유성을 지닐수록 글은 더욱 빛난다.

Writer's Comment

모두가 쓰는 것보다

자신만의 것을 찾습니다.

유행하는 것은 쉽게 질리지만,

자신만의 것은 질리지 않으니까요.

WEDNESDAY

오늘의 연습

1. 자신의 방을 단문으로만 묘사해봅니다.

2. 단문으로 쓴 글을 다시 한 번 위트 있게 표현해봅니다.
   그리고 진지하게 결론을 맺어봅니다.

수사 반장이 아닌 수사

글을 아름답게 만드는
비법입니다

오디션 경쟁 프로그램을 안 좋아하는데 그나마 〈쇼 미 더 머니〉는 즐겨 본다. 작사가 어렵다는 것은 익히 알고 있기에 도전할 엄두조차 나지 않는다. 하지만 래퍼들의 랩을 들으면(화면 아래에 나오는 자막을 보는 거겠죠?) 재미와 희열이 동시에 공존한다. 라임이 딱딱 맞는 것도 신기하고, 그렇게 쓰면서도 하고 싶은 메시지를 분명히 전달하는 게 놀랍다. 랩처럼 광고 카피도 라임을 맞추는데 쉬운 작업은 아니다.

전기차 배터리를 만든다

이것은 **팩트**

글로벌 슈퍼카를 움직이는

전기차 배터리를 만든다

이 정도 되면 **임팩트**

대한민국의 **팩트**를 세계의 **임팩트**로

에너지·화학의 큰 그림을 그립니다

_'SK이노베이션' 광고 카피

    이 카피를 보고(제가 쓴 것이 절대 아닙니다) '팩트가 리스펙트'라고 베리에이션을 했다가 팀원들이 아직까지 놀린다. 그래도 라임을 맞춰 말을 하거나 카피를 쓰면 주목도가 높아진다.

    나는 수학이나 과학 못지않게 국어도 꽤 좋아했다. 고등학교 때 적성 검사에서 문과 성향 대 이과 성향의 비율이 49대 51로 나왔다. 결국 전공은 이과를 선택했다. 밥벌이는 카피라이터로 했으니 적성 검사의 반반 결과는 맞은 셈이다. 돌이켜보면 국어 시간에는 새로운 어휘를 배우고 우리말의 의미를 깊이 깨우쳤기에 세세한 부분까지 떠오른다. 시를 통해 은유법과 직유법을 배웠을 때를 고스란히 기억하는 것을 보면 우리말의 의미를 알게 된 순간이 신기했던 게 분명하다.

여러분들도 그런 순간이 있을 것이다. 글을 풍성하게 해주는 것은 물론 양념처럼 맛깔나게 만들어주는 수사법을 배웠을 때를 한번 떠올려보자.

성큼 다가온 여름, 냉큼 사라진 땀

방배동에서 세배 받으세요

당신을 감탄합니다

소녀의 눈, 두 번 살다

한껏 봄

집에 집중

후끈 뜨끈 매끈

유쾌 상쾌 통쾌

파릇파릇 eco-city

24가자 24평(예전에는 평으로 썼다) e편한세상으로

암보다 더 무서운 건 마누라 잔소리

처음 마음 지음

인재는 뽑는 것이 아니라 심는 것입니다

광고 카피 중에서 헤드라인을 모아보았다. 헤드라인을 자세히 보면

은유법, 직유법, 중의법이 보일 것이다. '방배동에서 세배 받으세요'의 경우 '세배'도 되고 '세 배'도 되어 중의적 표현이다. '한껏 봄'의 경우 '봄(spring)'과 '보다(see)'의 두 가지 의미를 내포하고 있다. 카피를 쓸 때는 함축적으로 간결하게 표현해야 하므로 중의법을 활용하거나 각운을 맞추는 것을 선호하는 편이다. 비슷한 음절로 시선을 잡거나 두운을 맞추기도 한다.

다음은 수사법을 활용한 카피의 예시다. 문장을 뽑아 수사법을 살펴보는 것보다 훨씬 이해하기 쉬울 것이다. 글을 쓸 때 다양한 수사법을 적절히 사용하면 좋다.

- 직유법 A와 B는 같다.
  영화처럼 사는 여자 | 산소 같은 여자 | 아내 같은 아파트

- 은유법 A는 B다.
  지은이 호반건설 | 사람이 기업이다 | 기업은행이 동반자다

- 환유법 A와 B는 같다(상징체계로서의 비교).
  내일을 지켜주는 밝은 별 | 세상에서 가장 작은 카페 KANU

- 의인법 표현하고자 하는 대상에 인격을 부여한다.

생각하는 생수기 | 마음을 읽습니다, 더샵 | 진심이 짓는다, e편한세상

○ 활유법   무생물을 생명체로 치환하여 표현한다.
                 식물성 아파트

○ 풍유법   숨은 뜻을 비유나 격언 등을 사용하여 표현한다.
                 하늘이 무너져도 걸리버 하나면 돼!

○ 중의법   하나의 단어나 구절에 둘 이상의 의미를 포함한다.
                 잘 듣는 회사! 구주제약 | 바르는 모모 무좀은 사라집니다

○ 의성법   동물이나 자연의 소리를 비유적으로 표현한다.
                 톡! 카스

○ 의태법   동물이나 자연의 모습을 비유적으로 표현한다.
                 사진 팡팡, 앨범 펑펑

- 반어법　　의미가 반대되는 개념을 서로 붙인다.

  거북이 달린다 | 가장 따뜻한 색, 블루

- 대구법　　서로 대립되는 것을 놓는다.

  품질은 골리앗, 가격은 다윗

- 비슷한 음절로 맞추는 기법

  굴맛이 꿀맛 | 뻔한 프로포즈, 편한 인스탁스

- 각운을 맞추는 기법

  뜨끈, 후끈, 매끈 | 유쾌, 상쾌, 통쾌 | 믿음직, 바람직, 놀람직, SK매직

　　수사법을 활용하여 내 상태를 표현해보자. 혹시 어제 술을 한잔 마셨다면 숙취로 힘겨워하는 모습은 어떤가. 자신만의 경험과 느낌을 옮겨야 한다, 자신만의 언어로. 상태에 집중하고 그와 함께 연상되는 단어들을 머릿속으로 정리해본다. 그 후 적절하게 한 문장으로 써본다.

　　직유법: 내 관자놀이에 딱따구리가 둥지를 튼 것 같아
　　과장법: 머릿속에 수천 마리의 벌이 날아다녀
　　은유법: 내 몸은 알코올램프가 아닐까?

비슷한 음절로 맞추는 기법: 머리는 울렁울렁 위장은 꿀렁꿀렁

각운을 맞추는 기법: 욱신욱신 근육통 지끈지끈 술통

위의 것은 예시다. 여러분 스스로 수사법을 활용해서 써 내려가는 문장 하나하나가 모여 좋은 글이 나올 것이다. 다만 누구나 다 쓰는 관용구(금빛 물결, 붉게 물드는 노을 같은)나 수사법을 현란하게 활용하여 글이 산으로 가지 않도록 하자. 아름답게 만들어준다는 수사법은 말 그대로 방법이다. 솔직 담백하게 진심을 담는 것이 글을 잘 쓰는 첫 번째 지름길임을 잊지 말아야 한다.

수사가 화려하면 화려할수록 글은 장황해지고 정작 말하고자 하는 핵심은 사라져버린다. 정도가 지나침은 미치지 못함과 같다. 수사법을 적절히 활용하여 아름답되 담백하고 뾰족한 글을 쓰도록 하자.

Writer's Comment

수사법을 적절히 활용하면
글의 모습이 예뻐집니다.

다만 첫줄부터 끝까지 수사법을 활용하면
부담스러운 옷차림이 되겠죠?

WEDNESDAY

오늘의 연습

1. 아래 단어를 가지고 수사법을 활용하여 한 줄의 문장을 만들어보세요. 마인드맵으로 생각을 확장하면 쓰기 쉬울 것입니다.

    - 햄버거
    - 우산
    - 지각

2. 아래의 소재를 하나 선택하여 짧은 글을 써보세요. 물론 수사법을 적절히 활용하는 것이 좋겠습니다.

    - 여행지에서 산 물건
    - 주변 사람 중 한 명
    - 가장 아끼는 옷

다음을 이끄는 문장

물고기를 낚는
미끼를 꿰어봅니다

Relevance　　　*Originality*　　　*Impact*
연관성　　　　　고유성　　　　　충격성

광고 카피를 쓸 때는 세 가지를 유념해야 한다. 이를 'ROI'라고 한다. 당연한 건데 자꾸 잊어먹는다. 세상 가장 독특한 아이디어라고 내놓아도 외면받는 일이 비일비재했다. 생각해보면 연관성이 없었기 때문이다. 제품과 타깃이 어떠한 접점이 없는데, 단지 새롭고 신기하다는 이유만으로 내놓으면 될 일인가? 연관성을 가져야 하고, 고유의 독창성을 띠어야 하며, 충격을 가할 만큼 강력해야 한다.

글을 쓸 때도 세 가지를 염두에 두어야 한다. 예를 들면 당신의 자전거는 다른 이의 자전거와 달라야 한다. '코끼리가 타는 세발자전거'라는 표현은 어떤가. 그냥 자전거보다 훨씬 독창적이고, 연관성이 있으며, 의외적인 충격이 찾아온다. 모든 글은 상관관계가 있어야 하고, 신선함으로 새로운 시각을 환기해야 하며, 결정적 순간에 허를 찌르는 충격을 안겨주어야 한다. 반전의 쇼킹함은 아니더라도 어디선가 몰아쳐 오는 감동이 뒷골을 서늘하게 하는 것은 바로 이 세 가지 요소가 갖춰졌기 때문이다.

드라마 〈시그널〉과 〈도깨비〉는 연관성, 고유성 그리고 충격성까지 고루 갖추어서 인기를 끌었다. 평범한 타임슬립 로맨스에 그칠 수 있었던 〈시그널〉은 현재의 형사와 과거의 형사가 무전기 하나로 사건을 함께 해결해가면서 다음 회가 궁금하도록 만들었다. 〈도깨비〉도 새로운 캐릭터와 흡입력 강한 스토리라인으로 대중의 마음을 사로잡았다. 개인적으로는 〈비밀의 숲〉과 〈미스티〉도 굉장히 매력적인 드라마라 기억에 남는다. 매번 다음 회가 궁금해서 빨리 다음 주가 왔으면 좋겠다고 생각했을 정도다.

한 시간 남짓의 시간이 짧게 느껴진다면 밀도와 몰입감이 그만큼 좋다는 뜻이다. 계속 그 드라마에 끌리고 있다는 증거다. ROI의 힘이란 바로 이런 것이다. 글도 계속 다음이 궁금해야 한다. 누구나 쓸 수 있는 평범한 글이 아닌 자신만의 소재를 자신만의 언어로 표현해야 한다.

이 냉장고의 전생은 훌리건이었을 것이다.
_박민규, 〈카스테라〉《카스테라》, 문학동네, 2005)

내 이름은 앨리시어, 여장 부랑자로 사거리에 서 있다.
_황정은, 《야만적인 앨리스씨》(문학동네, 2013)

위의 문장을 보면 어떤 느낌이 드는가? 모두 소설 속 첫 문장이다. 다음 문장이 궁금하지 않은가? 첫인상이 다음 만남을 좌우하는 것처럼 첫 문장도 마찬가지다. 첫 문장이 말끔한 슈트를 입고 있다면 목소리가 궁금해질 것이고, 첫 문장이 화려한 스팽글이 달린 드레스를 입고 있다면 화려함 속에 감춰진 처연함이 있지 않을까 궁금해질 것이다. 첫 문장이 근사하면 글 전체가 근사해진다. 꼬리처럼 따라 나오는 문장, 다음이 궁금해지는 문장을 써야 한다.

글쓰기의 처음은 단문 쓰기다. 즉 글의 골조를 만든다. 복문이 아닌 단문으로 쓰면 읽는 사람이 술술 읽히는 편한 글이 된다. 그 후 수사법을 양념처럼 칠 수 있다면 문장의 매력과 힘이 동시에 생길 것이다.

머릿속에 떠오르는 하나의 풍경을 묘사해보자.

*1_* 나는 집을 나선다.
*2_* 나는 아침에 출근한다.
*3_* 나는 아침 7시 20분에 출근 채비를 하고 집을 나선다.
*4_* 나는 동이 터 오를 무렵 머리에 말았던 헤어롤도 빼지 못한 채 집을 나서 출근 지하철을 탄다.
*5_* 겨울에는 동이 늦게 튼다. 7시 20분, 아파트 엘리베이터 안에서 머리에 말았던 헤어롤을 뺐다. 출근 지하철을 타기 8분 전이다. 뛰어야 한다.
*6_* 개와 고양이의 시간이 끝났다. 겨울에는 동이 늦게 터 아파트의 길고양이들이 숨지 못하는 시간 7시 20분, 아파트 엘리베이터 안에서 머리에 말았던 헤어롤을 뺐다. 출근 지하철을 타기 8분 전이다. 뛰어야 한다. 어제 만났던 고양이가 기다리고 있을까?

출근하느라 정신없이 바쁜 모습을 시간에 기대 표현해봤다. 5번은 단문과 복문이 어우러지게 만들었고, 6번은 첫 문장에서 호기심을 유발했다. 문장의 힘이 생기고 다음이 궁금해진다. 과연 무사히 지하철을 탔을 것인가. 고양이에게 잠시 눈을 돌리는 새 지하철은 나만 빼고 모두를 태운 채 다음 역을 향해 달리고 있지는 않은가. 복서들은 펀치 연습만 하지 않는다. 웨이트 트레이닝을 꾸준히 한다. 체력과 근력을 키우기 위해서다.

우리는 대화를 시작할 때 자연스레 3을 기억하고 있다. 무엇이든 서론, 본론, 결론에 따라 내용을 전개하려고 한다는 뜻이다. 어쩌면 첫 말을 꺼내기 힘들어 손톱을 물어뜯을지도 모른다. 그래도 말문을 열어야 한다. "이제 서론은 그만하고. 그래서 본론이 뭐야?"라고 할 만큼 본론도 중요하다. 그리고 말문을 열었으면 닫을 줄도 알아야 한다.

글에도 글문이 있다. 글문을 열었으면 들어가야 하고, 들어가서는 닫아야 한다. 열린 결말을 좋아하는 드라마 광팬도 있을 것이다. 그러나 언제까지 본론만을 장황하게 늘어놓을 수 없으니 좀 닫아야 한다. 문을 열어두면 다른 손님이 찾아오는 틈에 무슨 글인지 온갖 풍문이 생기고 때가 탈 게 분명하다. 그래서 문을 꼭 닫아야만 한다. 결론을 맺어야 한다.

여덟 줄의 글에 서론, 본론, 결론이 어디 있느냐고 물을 수 있다. 자신의 글을 자세히 보면 분명히 도입부, 중간의 서술부, 결말부가 있다. 칼로 예리하게 구분할 수 없더라도 분명히 그런 의도가 보일 것이다. 그렇다면 글쓰기에 자신을 가져도 좋다. 처음부터 주장하고 뒷받침하는 내용을 쭉 풀어가는 연역법, 쭉 풀어가다가 나중에서야 주장하는 귀납법도 있다. 서술 방식이 다를 뿐 의도했던 대로 잘 가고 있다면 반드시 결론에 다다르고 마침표를 찍게 될 것이다.

　이제 여덟 줄의 글쓰기에서 A4 반 페이지 정도의 글쓰기에 도전하자. 첫 문장이 그다음 문장을 이끌어내는 글문을 열 것이다. 그 안에서 하고 싶은 생각을 마음껏 펼친 후 글문을 조용히 닫아보자. 열린 글문으로 새로운 감동이 가득 차길 희망하며.

Writer's Comment

첫인상이 좋은 사람을 떠올려보세요.

그다음이 궁금하지 않나요?

글도 그렇게 생각하면 쉬울 것입니다.

아, 반전이 있긴 하죠?

반전은 잠시 접어두고요.

오늘의 연습

다음이 궁금해지는 첫 문장을 써보세요. 광고에서는 헤드카피, 신문기사에서는 헤드라인이라고 하는 것들이 바로 그런 문장입니다. 흔한 말로 '낚다'라고 합니다.
누구라도 한 번에 낚을 수 있는 문장을 써보세요.

1. 나를 표현하는 한 줄의 문장. 나를 광고한다는 생각으로 써보세요.

2. 지금 가방 속에서 또는 책상 위에서 손에 잡히는 물건을 벼룩시장에 나가 팔아야 한다고 상상해보세요. 어떤 아이템으로 어떤 문장을 써서 붙이면 지나가던 사람이 훅~하고 사 갈까요?

    예) 점심 메뉴가 가득! 맛있는 다이어리!

3. 가방 속의 물건이 주인공이 된 글을 써봅니다. 어떤 사람이 그 물건을 사 가서 생기는 소소한 이야기를 상상해보세요. 그리고 A4 한 페이지 정도의 분량으로 써봅니다.
분량의 압박이 싫다면 반 페이지도 좋아요.

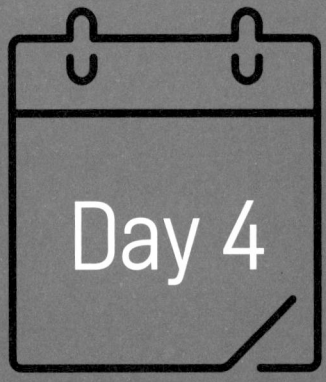

목요일

가면은 잠시 내려놓고 가벼워지는 날,
감정도 경험도 가감 없이 드러냅니다

어느 날 아주 갑자기 인생에서
큰 깨달음을 얻게 되었다.
거짓말 안 하고 서른다섯쯤에 찾아온 위기였다.
남들은 옆 사람들 눈치를 보고 비위를 맞추며
가면을 쓴 채 가식을 떨며 사는데,
나는 아무것도 하지 않은 민낯으로 세상을 살고 있었다.
그러니 트러블도 많았고 부침도 심했다.
이유를 찾은 후 충격이 좀 오래갔다.
사람들 모두가 남의 눈치를 본다는 것을 알고 나서부터
나 역시 행동과 말을 조심하게 되었다.
그렇게 제2의 인생을 살기 시작했다.
그전까지는 정말 누구를 만나도, 어떤 상황에 처해 있어도
거침없이 말하고 누군가 상처를 받든 말든
나만 생각하며 신경 쓰지 않았다.
한마디로 좋게 말하면 솔직했고,
다르게 말하면 안하무인에 독불장군이었다.

지난 일들을 반성하다 보니
나는 어느새 가식의 가면을 쓴 채
사람들을 대하며 웃었고,
좋은 사람으로 보이려고 애썼다.
화도 잘 내고 불의를 보면 못 참는 성격인데
참으며 웃었다.
보통의 사람들은 그렇게 산다고 했다.
내가 아닌 나로 사는 듯했다.
그러다 글을 쓰기 시작하면서 알게 되었다.
가장 나다워지는 시간은 글을 쓰는 시간이라는 것을.
지금도 내가 나 같지 않을 때는
하얀 페이지 위에 나를 적는다.
솔직하게 쓰자. 가장 나답게 쓰자.
글은 가면이 없어야 한다.
왜냐하면 마음에는 가면을 씌울 수 없으니까.

다시 보게 되는 리뷰

기록을 저장하면
든든합니다

리뷰(review)   [명사] 전체를 대강 살펴보거나 중요한 내용이나 줄거리를 대강 추려냄.

바쁜 시절이 돌아와서인지 하루에 두 번씩 회의와 리뷰를 하고 있다. 광고 일에서의 리뷰는 아이디어와 섬네일한 것을 모아서 윗사람, 즉 리뷰자를 모시고 회의를 통해 좀 더 좋은 방향을 모색하는 것이다(좀 더 좋은 방향을 모색해야 하는데, 자꾸 나빠지는 것은 나만의 느낌일까?).

요즘 흔히 리뷰라고 칭하는 것은 후기다. 영화를 본 후의 감상, 제품을 쓰고 난 후의 사용 후기, 책을 읽고 난 후의 독후감도 리뷰라고 한다. 사전적 의미처럼 중요한 내용이나 줄거리를 추려내는 것을 넘어 자신의 생각을 더한다.

영화가 개봉하기도 전에 영화를 미리 보는 영화 평론가들이 있다. 이들의 리뷰에 따라 일반 관객들은 관심을 갖기도 하고 외면하기도 한다. 평론가들의 리뷰에 혹해 재미없는 영화를 본 후 "낚였어"라고 툴툴거린 경험은 누구나 있을 것이다. 나처럼 평범한 사람들은 남보다 한발 앞서 신제품을 사용하는 얼리어답터들의 휘황찬란한 후기에 넘어가 전자제품을 사기도 한다. 책 리뷰도 마찬가지다. 책이 나오면 먼저 읽은 독자들이 재미있다, 혹은 읽을 필요 없다는 등의 냉철한 한 마디를 남긴다.

영화의 한 줄 평을 보면 극과 극으로 의견이 갈려서 어느 쪽을 믿어야 할지 난감할 때가 많다. 평론가들이 폄하한 영화가 내가 보기엔 너무 재미있다거나, 반대로 꼭 봐야 하는 영화라고 극찬한 영화가 흡족하지 않은 경우도 비일비재하다. 그 이유는 바로 시각의 차이다. 사람마다 관점이 다르다 보니 천만 관객이 들었다고 모두에게 재미있는 영화라고 할 수 없다. 베스트셀러 1위의 책이라고 해서 모두에게 다 좋을 수 없는 것처럼. 그래서 각자의 시각으로 접근해서 리뷰를 쓰는 게 좋다. 누구나 다 말하는 줄거리나 개요보다는 자신만의 확고한 시각이 필요하다.

  최근에 본 영화를 떠올려보자! 그 영화를 보고 난 후의 느낀 점은 무엇인가? 우선은 솔직하게 적는 게 좋다.

영국에서 온 눈물과 콧물, 희망과 절망의 콤보 세트.

  〈나, 다니엘 블레이크〉라는 영화를 본 후 눈물과 콧물을 흘렸다. 최고의 복지를 자랑하는 영국의 이면을 볼 수 있던 영화였다. 감독이 말하는 게 어떻고, 미장센이 어떻고, 구성이 어떻고, 이런 것은 기자들이나 평론가들이 할 이야기다. 깊이 있는 영화 리뷰를 쓰고 싶다면야 그런 방향성을 가져야겠지만, 사실 그건 차후의 문제다. 감상을 적는 것이 기본이다.

  학교 다닐 때 숙제로 내준 독후감이나 감상문이 리뷰의 원형이다. 말을 예쁘게 만들어서 리뷰라고 표현하는 것일 뿐 책을 읽은 후에 쓰는 것은 독후감, 영화를 본 후에 쓰는 것은 감상문이다. 어릴 적 상을 받은 독후감들을 살펴보면 줄거리보다 늘 내 감상이 큰 비중을 차지했다. 특히 과학책을 읽고 독후감을 써서 상을 많이 받곤 했는데, 바퀴벌레 이야기가 어찌나 뇌리에 각인되었는지 아직도 그 책의 페이지가 기억난다. 몰랐던 사실을 알게 된 순간 경이로운 세계에 감탄하며 원고지 칸을 또박또박 메웠다.

최근에 읽은 책에서 받은 느낌을 거칠게라도 적어보자.

시인의 에세이는 차가운 겨울철의 고드름처럼 날이 서 있다. 그래서 아프다.

박준 시인의 산문집 《운다고 달라지는 일은 아무것도 없겠지만》을 읽고 쓴 단 한 줄의 리뷰다. 이 리뷰를 바탕으로 글을 쓴다면 어떨까. 리뷰를 마지막 문장 즈음으로 생각하고 이 책을 읽게 된 동기, 이 책에서 느낀 점을 자신의 상황과 빗대어서 편하게 써 내려갈 수 있을 듯하다. 글의 메시지가 뒤쪽에 자리하면 귀납법의 형태라고 볼 수 있는데, 그런 틀에 박힌 글을 쓰려고 노력하기보다는 자신의 마음을 옮기는 것이 더 중요하다. 마음을 잘 옮기면 주장하고자 하는 메시지는 저절로 들어가게 될 것이다.

리뷰란 다시 보기다. 내가 본 것을 다시 본다는 것이고, 내 시각을 다시 살펴본다는 것이다. 나만의 시각, 즉 나만의 주장이 필요하다. 책을 읽을 때도, 드라마나 영화를 볼 때도 나만의 시각으로 바라볼 수 있다면 더할 나위 없는 리뷰가 되지 않을까.

Writer's Comment

유명한 영화 평론가의 한 줄 평을
유심히 봅니다.

재미있게 봤는데 평이 형편없다면
저라도 잘 써줍니다.

영향력은 없겠지만.

오늘의 연습

최근에 영화를 봤다면
그 영화에 대한 한 줄 평을 적어봅니다.
재미없음, 이렇게 말고요.

정말 길지 않은 한 줄 평을 적어보고 싶지 않나요?

은유법을 꺼내도 좋고, 긴 리뷰를 적어도 좋아요.

예) 아름다운 고흐의 작품이 나의 눈꺼풀을 내리눌렀던 수면 유도제 영화.

다 커서 쓰는 일기

사건이 없더라도
남겨봅니다

새해가 되면 너 나 할 것 없이 다짐을 한다. '다이어트를 해야지', '담배를 끊어야지', '아니, 무엇보다 매일 일기를 써봐야지. 매일 기록을 남겨서 책으로 내야지' 등 참으로 부지런하고도 귀여운 계획을 세운다. 학생 때는 《안네의 일기》를 읽고 나도 한번 일기를 써봐야지 했다가 '난 전쟁터에 있는 사람도 아니고 포로가 되어 비극의 주인공으로 역사에 남을 리도 없는데 굳이 일기를 써서 뭐해'라고 단념해버렸다. 그 후 자물쇠가 달린 예쁜 일기장을 책상 서랍에 넣어놓고는 다음, 그다음 해가 되어서야 꺼내본 적도 있다.

일기는 그날 하루의 중요한 감상이나 사색 등의 사생활을 적는 글이다. 즉 그날그날의 잊어버리기 아까운 의미 있는 일상을 기록하는 것이 일기다. 기념사진을 매일 찍을 수 없듯 의미 있는 일상이 매일 지속될 리 없다. 매일 일기를 쓰려고 작정한다면 의미 있는 것을 일부러라도 만들 필요가 있다. 평범한 것도 의미를 부여해야 한다. 물론 어느 날은 건너뛴다고 해도 누가 뭐라고 다그칠 사람, 어디에도 없다.

한 방송 프로그램에 출연한 유명 아이돌 가수는 군대를 다녀온 후에 생긴 습관이 일기 쓰기라고 했다. 멋진 문장이나 예쁜 글씨가 아니더라도 하루에 한 줄씩 꼬박꼬박 적는다는 그의 말에 진심이 느껴졌다. 마음을 먹는다고 쉽게 되는 것이 아님을 잘 알기 때문이다. 일기를 쓰는 것은 여러모로 수고스럽지만 쓰면 정말 좋다.

글을 잘 쓰고 싶다면 일기를 써야 할 이유가 있다. 문학적인 측면에서 보자면 더도 말고 덜도 말고 세 가지만 기억하면 된다. 상처받은 마음을 치료할 연고가 되고, 마른 나뭇가지처럼 앙상한 문장에 힘이 생기며, 마지막으로 《파브르 곤충기》를 써도 될 만큼의 관찰력과 사고력이 길러진다.

상처 난 마음에 새살을 돋게 하는 연고처럼

하루를 곰곰이 되짚어보면 자신이 한 일 또는 사람들에게 했던 말과 행동에 가치를 더해 생각하게 된다. '잘못한 점은 없었나?', '타인으로 인해 내가 상처받았던 적은?' 이런 생각으로 일기를 쓰다 보면 스스로 정화되는 시간을 맞이한다. 가만히 일기를 쓰며 하루를 정리하고 마음의 빚을 청산해보자. 많이 쓰지 않아도 된다. 조금만 써도 상처 난 마음에 새살을 돋게 하는 연고가 될 테니까.

앙상한 뼈에 살과 근육을 붙여라

머릿속에 떠오르는 생각을 정리하여 문자로 표현해둔다. 그 후 문장화하여 한 문장씩이라도 써두면 글쓰기가 힘들거나 겁이 나서 움츠러드는 일은 줄어들 것이다. 일기를 통해 감정선에 따라 자유롭고 자연스럽게 글 쓰는 습관을 들일 수 있다. 간단하게 정리해둔 몇 줄의 문장을 공들여 더 반듯한 글로 만들어보자. 글쓰기에 더 없이 좋은 훈련이 될 것이다.

날카로운 눈빛과 바다만큼 깊은 생각으로

보고 들은 것 중에서 중요한 것을 취하기 위해서는 작은 사물도 치밀하게 관찰하고 깊게 생각할 필요가 있다. 허연 시인이 쓴 〈아침 신파〉(《내가 원하는 천사》, 문학과지성사, 2012)라는 시에 이런 시구가 나온다. "언젠가 옥상에서 내려다본 여러 갈래로 뻗은 철길이 먹다 버린 생선 뼈 같다는 생각을 한 적이 있었다." 이 시구를 본 순간 나는 '관찰과 생각이 치밀하고 깊구나. 아, 시인은 어쩔 수 없구나' 하며 조금 아니고 많이 절망한 적이 있다. 세상을 조용히 지켜보자. 나만의 언어가 불쑥 떠오를지도 모른다.

사람마다 자주 쓰는 말이 있다. 내 경우에는 시간에 따라 변했다. 어떤 때는 '세상'이란 단어에 꽂혔었고, 어떤 때는 '진중함'이란 단어를 시도 때도 없이 꺼내 들었다. 인생이나 삶 등은 진부해서 절대 쓰지 않겠다고 결심했지만 단골 단어로 등장한다. 매일 기록하는 일기라고 해도 한두 단어 정도는 기존의 틀에서 벗어난 어려운 단어나 사투리로 써보자. 글의 리듬이 달라질 것이다.

일기를 쓸 때는 단순히 내용을 담는 것을 넘어서 좀 더 자신의 문체를 연마할 수 있도록 노력해보자. 자신이 느낀 점을 더 섬세하게 표현하고, 단어와 문장을 자신만의 것으로 만들며, 주변 환경을 자세히 관찰하여 사유한다. 그리고 글로 옮긴다, 쉽고 솔직하게. 글의 근육을 잘 활용하려면 안 쓰던 근육을 사용하도록 신경 써야 한다는 점을 명심하자.

Writer's Comment

나도 안 쓰는 일기를
모두에게 쓰라고 종용하는 것은 양심에 찔려서
이렇게 말하고 싶습니다.

몰아서 써도 좋아요.
감상을 잘 적는 게 중요하니까요.

커피 마실 때마다 일기가
자동으로 써지면 참 좋겠는데 말이죠.

오늘의 연습

1. 오늘 일어났던 일 중 남기고 싶은 일이 있다면 한 줄로 써 보세요. 그 후 네 줄, 여덟 줄, 열두 줄로 확장시켜 스케치하듯 써보고 한 편의 글을 완성합니다.
참 일기에서 빠질 수 없는 것, 날씨!
맑음, 비, 흐림 등 일기예보 기상캐스터 뒤에 있는 지도 위의 기호처럼 재미없게 쓰지 말고, 자신만의 언어로 표현해보세요. 그러면 일기 쓰기가 더 재미있어집니다.

예) 20××년, 청포도가 다 떨어질 만큼 기운 센 장마, 7월 어느 날.

2. 정말 쓸 말이 많은데 지나가는 날이 많아집니다.
주간 일기를 써봐요. 제 친구는 스마트폰에 담긴 사진을 보면서 감상을 적곤 하더라고요.
그날 왜 이 사진을 찍었나 생각하다 보면 그날의 느낌들이 쭉~하고 따라올 것입니다.

여행 후일담

텅 빈 마음을
채웁니다

　　　　　　　　　　　　　　　사람에 부대끼고 일에 치여서 출퇴근길이 척박해지면 나도 모르게 울컥 눈물이 날 정도로 떠나고 싶어질 때가 있다. 발뒤꿈치에서 풍선이 쑥쑥 커지는 것처럼 온몸이 둥둥 떠오르면 무조건 떠나야 한다. 안타깝게도 몸은 땅에 꽁꽁 묶여 있다. 차오르는 눈물을 꾹꾹 누르기 위해 여행기를 읽는다.

　　출판계에서는 언제부터인가 각 지역별로 여행기가 쏟아져 나왔다. 좀 잠잠하다가 요즘 또다시 나오고 있다. TV에서도 외국을 돌아다니는 여행 프로그램이 우후죽순처럼 선보인다. 사람들에게 인기가 많다 보니 콘텐츠는 계속 생산된다. 여행 작가, 여행 칼럼니스트를 꿈꾸는 분도 많은 것 같다. 그래서 생겨난 여행 글쓰기 강좌도 꽤 된다.

나도 여행을 좋아한다. 그러나 제대로 여행기를 써볼 엄두가 나지 않아 늘 여행을 다녀오면 기록하는 정도에 그친다. 사진을 고르고 다녀온 루트를 정리하면서 추억을 남긴다. 물론 재미있는 사건이 있으면 좀 달라진다. 좀 더 실감나게 기록하기 위해 그날을 복기한다. 그럴 때 묘한 쾌감을 느낀다.

이색적 풍경을 보는 것도, 좋은 건축물을 마음에 담는 것도 중요하다. 하지만 감정을 기록하는 게 더 중요하지 않을까. 짧은 여행기라도 막상 쓰려고 하면 무엇을 써야 할지 감을 못 잡는 분이 의외로 많다. 그 이유는 남들과 똑같은 것을 쓰고 있기 때문이다. 보통 여행기를 한 편 써보자고 하면 이런 식이다.

푸른 바닷가 해변, 방파제에서 거센 파도를 봤다.

사실 여행기란 풍경을 소개하는 글이 아니다. 풍경을 소개하고 싶다고 해도 누구나 다 아는 뻔한 이야기를 담을 필요는 없다. 오히려 정보는 《론리 플래닛》이나 여행 가이드북을 살펴보면 더 자세히 알 수 있다. 그렇다면 어떤 것을 써야 할까? 마음을 담고 느낌을 살려서 써야 한다. 앞의 문장에 마음을 담고 느낌을 살리면 다음의 문단이 된다.

드라마 〈도깨비〉 촬영지라고 해서 다들 마음이 들떴다. 방파제는 하나가 아니었는데, TV에 나온 방파제는 이미 드라마 광팬 아저씨들이 차지하고 있었다. 아저씨들은 인증샷을 찍으며 큰소리로 웃어댔다. 우리는 인근의 방파제에 슬쩍 올라갔다가 집채만 한 파도가 달려들어 뒤도 안 돌아보고 달음질쳤다. 끝에 서야 드라마 장면과 손톱만큼이라도 비슷했을 텐데…. 목숨을 맡기면서까지 인증샷을 찍을 수는 없었다. 소심한 우리들. 결국 어정쩡한 포즈로 바다만 구경하고 돌아왔다.

보고 또 보다

시각적 신호를 남다르게 받아들이는 사람들이 있다. 예술가들이 그런 쪽에 속한다. 예술가들은 민감하고 예민해서 똑같은 것을 봐도 보이지 않는 깊숙한 곳까지 꿰뚫는다. 우리도 그러한 경지에 다다르면 좋겠지만, 그게 어디 말처럼 쉬운가. 깊숙한 곳을 보는 것이 어렵다면 '왜?'라고 질문해본다. '저 노을은 왜 색깔이 희미할까?' 단순히 '날씨가 흐렸으니까'라고 단정 짓지 말고, '오늘따라 노을이 왜 핑크색으로 물들었지?'라는 식으로 더 자세히 살펴본다.

촉각을 세워 느끼고 느끼다

느낌은 오롯이 나만 느끼고 깨닫는 감정이다. 남과 똑같이 느낄 수는 없는데, 이 느낌을 평범한 언어로 비슷하게 표현해버린다. 그래서 글로 옮기는 게 어려워진다. 피어나는 물안개를 보고 '마음이 평온해졌다'라는 느낌을 다시 나만의 감정으로 쓴다면 '압력 밥솥처럼 들들 끓어올랐던 마음이 뜨거운 물에 몸을 담근 것처럼 노곤해졌다'라고 바꿀 수 있을 것이다. 물안개라는 것을 나만의 감정으로 해석하면 충분히 다르게 표현될 수 있다.

마음도 무브 무브

여행은 몸과 마음이 동시에 이동하는 것이다. 몸은 왔다 갔다 움직이는데 마음은 여기에 계속 머무를 수 없다. 즉 마음도 여행지에 있었다면 충분히 그 지역 사람들의 시각으로 바라볼 수 있어야 한다. 마음이 움직이면 감각이 열릴 것이다.

열어야 더 보인다

오픈마인드라는 소리를 많이 한다. 여행지에서야말로 마음을 오픈해야 한다. 보는 족족 "싫어! 재미없어!"라든가 가는 곳마다 "짜증나!"라고 이야기한다면 남는 것은 아무것도 없다. 약간의 불편함도 감동으로 느낄 수 있는 마음이 있어야 여행지의 감흥이 높아진다.

지난해 몽골을 다녀왔다. 느낀 바가 많았다. 불편함도 있었지만 마음을 오픈하고 마인드 컨트롤을 하다 보니 편했다. 아무것도 없는 지평선이 계속 생각난다. 여행지에서는 마음을 열자. 지갑은 열지 말고.

그때그때 기록하자

정작 나는 쉬고 싶어서 여행 중에 잘 적지 않는다. 같이 다니는 친구들은 여행 수첩에 하루에 일어난 에피소드들을 빼곡하게 적어둔다. 나는 여행기를 낼 것도 아닌데 굳이 적을 필요가 있을까 하고 스스로에게 면죄부를 주는 편이다. 친구들을 보고 배워야 하는데 그게 잘 안 된다. '나중에 사진 정리를 하면서 적어야지'라며 미룬다. 그러나 우리 뇌는 용량의 한계로 시간이 지나면 조금 남아 있는 것도 사르르 사라져버린다. 자신의 기억력을 과신하지 말 것! 기록은 기억이 되니까 정확하게 적어두자.

Writer's Comment

여행에 관한 글은
언제나 사람을 들뜨게 만듭니다.
그러니 조금은 무거워도 좋겠습니다.

피리 부는 사나이처럼
모두를 끌고 출발하지는 말고요.

THURSDAY

오늘의 연습

책장에서 여행 에세이 하나를 고른 후
아무 페이지나 펼쳐 소리 내어 읽어봅니다.

그리고 다녀온 여행지 중 한 곳을 골라
A4 한 페이지 정도의 여행기를 써봅니다.

제목도 멋지게 뽑아보고요.

세이세이 愛세이

글의 심장은
경험의 감정으로 뜁니다

Essay란 말을 가만히 들여다보면 say가 숨어 있어서 혼자 살그머니 웃곤 했다. 글이란 결국 말하는 것을 옮겨놓은 거다. 그렇게 어디에도 없는 논리를 가져다대며 말도 안 되는 상상을 한다. 사실 우리들이 편하게 쓰는 글은 에세이의 형태를 띠고 있다. 물론 문학적 에세이는 예외인데, 이를 확실하게 나눌 만한 기준은 없다고 본다. 서론부터 결론까지 형식에 맞춰 글 쓰는 연습을 해야겠지만, 심오하게 들어갈수록 글쓰기가 더 어려워진다. 그래서 나는 마음을 비우고 경험을 머릿속에 이미지로 그려보는 게 우선이라고 강조한다.

여름이면 비빔밥을 잘 시켜 먹는다. 일품요리는 간단하면서도 번잡스럽게 뭔가를 먹지 않아도 속이 든든해지기 때문이다. 어쩌면 에세이는 꼭 비빔밥 같다. 주변에서 쉽게 소재를 찾을 수 있고, 깔끔하게 마무리하면 한 그릇으로 감정의 배가 부르다.

유념할 것은 누구나 쓸 수 있는 흔한 이야기들보다는 나만의 세계를 보여줘야 한다. 우리가 에세이를 사서 보는 까닭은 내 일상과 비슷해서가 아니라 남의 생각과 일상을 몰래 훔쳐보면서 공감하고 싶어서다. 따라서 에세이는 평범하기 이를 데 없는 일상다반사에서도 느끼게 되는 단편적인 감상을 소박하게 자신만의 스타일로 서술해야 한다.

목요일, 지칠 대로 지친 날이다. 글을 한 편 쓰고 싶다는 생각이 문득 들었다. 버스에서 하나밖에 남지 않았던 자리를 빼앗겼다. 어떤 느낌이 들까? 갑자기 경쟁에서 밀려난 기분이 들 수도 있고, 재수 없는 날이라고 씩씩댈 수도 있다. 그러나 의미 부여를 해본다면 오히려 좋은 일로 결론을 낼 수 있을지도 모른다.

체험 → 느낌 → 인생의 발견 → 의미 부여 → 감동

에세이는 이러한 순서에 따라 자신의 생각과 느낌을 표현해야 한다. 여기서 키포인트는 공감을 불러일으켜야 한다는 점이다. 허구가 아닌 작가의 체험을 토대로 내용을 전달해야 하기에 진솔함이 묻어나야 한다. 필요 없는 미사여구는 지워가면서 물 흐르듯 자연스럽게 쓰도록 하자. 누가 읽어도 이해하기 쉬워야 한다. 간결한 문장으로 강렬한 인상이나 잔잔한 감동을 몰고 와야 한다. 웃음을 유발하는 위트와 유머가 적절하게 조미료처럼 뿌려지면 좋겠다.

영국의 시인이자 문학 평론가인 매튜 아놀드는 문학은 언어를 사용하여 인생을 예술적으로 표현하는 양식이라고 했다. 문학으로 우리의 인생이 예술이 된다면 얼마나 아름다울까? 그러나 글을 쓴다고 반드시 예술적일 필요가 있을까? 글쓰기로 마음의 안정을 찾고 행복해진다면 그 역시 충분하지 않을까? 일주일에 딱 한 편씩만 에세이를 써서 간직해보자. 1년이면 마흔 개가 넘은 글이 생긴다. 늘 그렇듯 실천하지 못해서 문제이긴 하다만.

얼마 전 걸출한 문장력보다는 진솔하고 담담하게 고백하듯 풀어간 에세이를 한 권 읽었다. 바로 배우 박정민이 쓴 《쓸 만한 인간》이다. 배우니까 영화나 드라마를 통해 가까이 다가와야 하는데, 글을 읽으니 인간 박정민이 더 궁금해졌다. 그의 속내를 읽는 것 같아 친근감이 들었다. 글은 솔직할수록 읽는 이의 마음을 움직인다.

예쁘고 착하고 좋은 메시지를 담은 에세이를 읽으며 나도 그렇게 살아야겠다고 생각하는 사람이 많다. 그런데 나는 예쁘고 착하고 좋은 메시지는 내가 알아서 내 식대로 담고 싶다. 차라리 숱한 시행착오를 겪으며 넘어지고 깨지다 보니, 그냥 도망치고 싶다는 찌질하고 비겁한 변명이 들고 싶다. 에세이라는 게 거창할 필요가 없다는 말이다.

오늘 문득 든 생각이나 체험하면서 느꼈던 나만의 감상을 적어보자. 너와 나의 삶이란 것을 끓는 물에 소금을 좀 치고 슬쩍 삶아내면 파릇파릇한 에세이가 나올 것이다. 어렵지 않다. 그렇다고 낙서처럼 쉬운 것도 아니지만.

Writer's Comment

나중에 정말 멋진 에세이를 내보고 싶어요.

그러려면 글감을 많이 수집해야 하는데,

다람쥐가 도토리를 모으듯 모았다가

잊어버리지 않았으면 좋겠어요.

다람쥐는 머리가 나빠

숨겨놓고 잊어버린다고 하네요.

THURSDAY

오늘의 연습

최근에 별것 아닌 일로 감동받은 적이 있나요?

누군가 준 푸딩 하나에 아이처럼 즐거웠다거나,
위로의 말에 기분이 나아졌다거나,
무심코 하늘을 올려다봤다가 괜스레 울컥했다거나.

감동받은 이야기를 하나 써봅니다.

블로그 글로그

차곡차곡 쌓고
또 쌓아봅니다

　　　　　　　　　　　　　　　친한 친구 I는 오래전부터
꾸준히 블로그를 하고 있다. 한 분야에 집중한 블로그라기보다 맛집,
분위기 좋은 카페, 재미있는 영화 소개, 독서 일기 등 일상다반사에
걸친 편안한 이야기를 올리는 덕분에 일본의 블로거도 찾아올 정도
다. 블로그에 쓴 글을 바탕으로 두 권의 책도 냈다. 워낙에 기록하기
를 좋아하는 데다 꾸준함이 한몫했다고 생각한다.
　그녀는 한동안 페이스북에 짧은 글을 남기다가 결국 블로그로 돌아

왔다. 페이스북은 사람들의 반응이 뜨뜻미지근해서 흥미가 반감되었다고 한다. 그래도 몇 년 동안 그녀의 독서 리스트를 즐겨 읽던 애독자가 고맙다고 메시지를 남기는 것을 보면 드러내지 않는 절대 다수의 팔로워들이 있다. 그녀의 블로그를 사랑하는 한 사람으로서 나는 페이스북보다 블로그를 해주기를 은근히 강요한다. 숨을 고르고 써 나가면서 소화되는 묵은 감정들과 새로운 의지의 재배열을 보고 싶기 때문이다. 그로 인해 파생되는 여운을 상상하며 읽는 재미란…. 끈기로 꾸며가는 한 사람의 일대기를 훔쳐보는 것 또한 인상적이다. 공감하는 부분을 발견하면 마음의 위안을 얻는다.

나는 꾸준하게 기록하는 편은 아니다. 가끔 오랫동안 열어놓은 블로그를 되짚어가다 보면 그 시절이 생각나 피식 하고 웃음이 난다. 감정이 롤러코스터처럼 오르락내리락했던 흔적을 보고 있으면 철없던 시절이 귀엽기도 하고, 부끄러움으로 얼굴이 화끈거리기도 한다.

일기 쓰기가 사실 귀찮아진 지 오래다. 예쁜 다이어리를 사서 한 자씩 적어 내려가라고 권하고 싶지만, 나 역시 실천에 옮기지 못하면서 다른 이들에게 권하면 안 된다고 생각한다. 매우 양심적인 나란 사람! 그래서 여러분께 권하는 한 가지는 블로그 개설이다.

블로그라는 공간은 유동적이다. 짧은 글을 쓸 수도 있고, 긴 글을 쓸 수도 있다. 사진을 찍어 간직하지만 말고 블로그에 올려 시간을 축적하는 글을 써보자. 글 쓰는 훈련을 하기에는 더할 나위 없이 좋다.

요즘은 압축된 글을 선호해서 글을 줄여주는 앱도 나왔다고 하는데, 요약은 글이라기보다는 단편적 메시지에 가깝다.

감정이 행간에 녹아 있어야 글이 살아 움직인다. 지금까지 짧은 글을 썼다면 글의 양을 늘려보자. 반복되는 하루일지라도 분명히 즐거웠던 순간도 있고, 지겨웠던 순간도 있을 것이다. 어깨가 축 쳐진 채 문득 쳐다본 하늘이 다른 날과 다르게 파랗게 느껴진다면 그 순간의 감정을 기록하자. 잘 자고 일어나서 갑자기 목이 돌아가지 않았다면 그 이유를 좀 적어두자. 상사와의 트러블도, 부하직원과의 신경전도 기록한다.

자신만의 일기장을 블로그에 옮겨보자. 20분 정도면 치열하게 보냈던 날의 감정을 기록할 수 있다. 기록이 차곡차곡 서랍에 쌓이면 좋은 일이 일어난다. 글쓰기 실력이 늘어나는 것은 물론, 또 다른 방향으로 성장한 자기 모습을 보게 된다.

블로그에 글을 쓸 때 주의할 점도 있다. 행간을 제대로 읽어내지 못하는 이들 때문이다. 사진도 좋고, 그날의 단상을 적은 글도 좋다. 하지만 아직까지는 누군가가 진심을 다해 묵묵히 써 내려간 글을 더 좋아한다. 블로그란 매체가 광고 마케팅의 수단이 되어버린 데 심심한 유감을 표한다. 그래도 나는 순기능이 있다고 믿는다.

Writer's Comment

꾸준함은 배우고 싶은 덕목인데,

그것도 재능이 아닐까 싶습니다.

저는 그나마 꾸준히 하는 게

'출퇴근' 같은데요.

오늘은

공무원 카피라이터란 소리를 들었네요.

털썩.

오늘의 연습

어딘가에 둥지를 튼 공간이 있다면 그곳을 활성화해보세요.
그리고 세 번 이상 글을 올려봅니다.

누가 보지 않더라도 내가 들어가서 다시 보면 좋아요!

나와의 人터뷰

마음이 통해야 하니
어렵습니다

　　　　　　　　　　　　　　　　　　　　　　　　인터뷰 글을 썩 좋아하지 않았다. 매번 똑같은 사항을 질문하고 똑같은 대답을 듣는 게 뭐 그리 재미있나 싶었다. 인터뷰가 실려 있는 잡지의 페이지는 배우들의 사진만 보고 건너뛰기에 바빴다. 그러나 인터뷰가 어떤 과정을 거쳐서 실리는지를 알게 된 후부터는 자세히 보게 되었다.

　예전에 일했던 회사에는 대기업의 사보를 만드는 편집부가 있었는데, 그 시절 편집장님 때문에 인터뷰에 대한 생각이 확 바뀌었다. 편집장님은 인터뷰이를 만나러 가기 전 만반의 준비를 갖추던 분이었다. 인터뷰이가 작가라면 책을 구해서 꼭 읽고, 다른 일에 종사하는 분이라면 그 일에 대한 자료 조사를 철저히 했다. 그런 모습을 지켜보면서 인터뷰는 결코 쉬운 작업이 아님을 깨달았다. 인터뷰의 재발견이라고 할까. 물론 여전히 뻔한 인터뷰 글은 흥미를 느끼지 못하기는 하지만, 가끔 잡지를 보다가 평소 좋아하지 않던 배우의 이미지가 인터뷰 한 번에 확 바뀌기도 한다.

학창 시절에 친구들끼리 하던 놀이 중 '앙케트'라는 게 있었다. 노트에 궁금한 사항을 적은 후 돌아가면서 자신만의 답을 적는 것. 어쩌면 우리들은 그때 유명 인사는 아니었어도 남의 마음을 알고 싶었던 것인지도 모르겠다. 친구들의 답을 읽는 게 마냥 신났었다. 무엇을 좋아하고 어떤 것에 관심이 있는지 알아가면서 친구가 되었다. 아날로그 식의 느리고 느린 방법이었는데, 영화 〈나의 소녀시대〉에서 그 장면이 등장했을 때 참 반가웠다.

앙케트를 해보면 어떨까. 나를 인터뷰해서 자기소개서를 써보는 것도 방법일 것이다. 나에 대한 인터뷰는 어떻게 하면 좋을지 정리해보았다. 물론 가장 중요한 것은 마음을 다해 진실하게 써야 한다는 것.

나를 적어보자

나를 팔아야 한다. 사실 나란 사람을 정확하게 아는 사람은 나밖에 없다. 스스로를 파악해보고 나의 장단점은 무엇인지를 되는대로 적어본다. 퇴고의 단계를 거칠 테니까 일단 죽이 되든 밥이 되든 나에 대해 솔직하게 적는다. 그 내용이 쌓일수록 나란 사람이 형성될 것이다.

솔직하다고 다 좋지 않다

솔직함이란 가장 큰 무기이면서 때로는 삼가야 할 점 중의 하나다. 인턴직 면접을 보러온 대학생에게 면접관이 "왜 지금은 기숙사 생활을 하지 않나?"라고 물었다. 솔직한 게 좋다는 생각에 "술을 자주 마셔서 눈 밖에 나서요"라고 대답했다. 그 대학생은 결국 인턴으로 일할 기회를 놓치고 말았다. 좋은 쪽으로 솔직함의 강도를 높여야 한다.

구체적이어야 한다

장님이 코끼리 뒷다리 만지는 식의 태도는 금물. 글은 구체성을 띠고 있을 때만 설득력이 생긴다. 이제까지 한 경험에서 얻은 것들을 바탕으로 앞으로 할 일에 대해 그려본다. '카피라이터로 열심히 일하겠습니다'와 같은 표현은 통하지 않는다. 어떤 분야에 특출한지 한마디로 표현할 수 있는 사람이 되어야 한다.

자신감과 잘난 척은 다르다

자칫 잘못하면 내가 제일 잘났다는 식이 될 수 있다. 무조건 잘할 수 있다는 것도 문제다. 자신을 제대로 파악하지 않았다는 증거다. 뭐든지 잘할 수 있다는 사람은 뭐든지 못할 수도 있다. 실체가 없는 자신감보다는 '이 부분이 내 강점이니 살리겠다'라는 식의 뚜렷한 비전을 제시해야 한다.

단점을 기회로 만들자

단점이 있지만 그것을 어떻게 장점으로 전환하겠다는 것도 필요하다. 나는 융통성이 없을 정도로 고집스럽고, 때로는 트러블메이커로 활약(?)하는 편이다. 그런 점을 이렇게 표현했다. "고집이 세서 싸움닭이지만, 체공 시간이 길지 않아 좋은 방향으로 이끌 수 있을 것입니다. 물론 쌈닭 카피인 만큼 어디에도 휘둘리지 않고 제대로 싸워보겠습니다." 나를 돌아봐서 얻은 결과다.

남과 비슷한 것은 꺼내지 말자

보통의 스펙, 누구나 갖고 있을 법한 것은 그냥 갖고만 있자. 비슷한 것이더라도 느낀 바가 다른 것, 경험이 독특한 것을 담는다. 어학연수, 자격증, 봉사활동, 공모전 등 이제 그런 것은 누구나의 것이 되었다. 모두가 〈김병만의 정글의 법칙〉을 할 수는 없겠지만, 그에 버금가는 독특한 것을 만들어본다.

Writer's Comment

나를 시장에 내놓으면

어떤 사물이 될까 상상해보곤 합니다.

양배추가 되었다가, 빨간 드레스가 되었다가,

후줄근한 에코백이 되었다가…

THURSDAY

오늘의 연습

1. 나를 인터뷰해봅니다.
   타임머신을 타고 과거로 돌아가 가장 기억에 남는 사건을 적어봅니다. 이직을 준비한다면 성공했던 프로젝트뿐 아니라 실패했던 프로젝트를 떠올려보세요.
   최근부터 거슬러 올라가는 것도 흥미로운 구조입니다.

2. 친구를 인터뷰해보는 것도 재미있을 거예요.
   오래전 카피라이터 모임에서 한 친구가 누군가를 찾아가 밥을 먹으며 인터뷰했던 글이 참 좋았었어요.
   여러분도 가장 친한 친구를 한번 인터뷰해봐요!

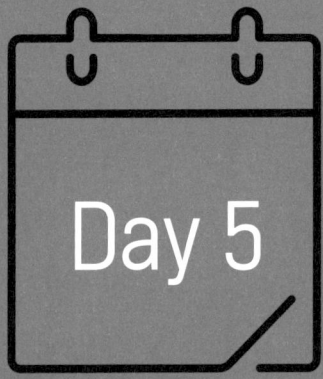

금요일

아이를 꺼내 이야기를 향해 달려갈 시간,
태어나면서 우리는 모두 이야기꾼입니다

DAY 5. FRIDAY

초등학교에 입학하고 나서도
오랫동안 내게는 엄지공주가 있었다.
나만 볼 수 있고
나와 말이 통하는 정말 엄지손가락만 한 엄지공주.
그 아이를 위해서 검은색 플라스틱 통을 침대로 꾸미고
조각 천으로 이불을 만들어주었다.
옷도 지어주고 잠도 재워주었다.
학교에 갔다 올 때까지 나만의 비밀 공간에
그 아이를 두었다.
그리고 매일 이야기를 들려주었다.
어느 날부터인가 나는
그 엄지공주를 스스로 잠들게 한 듯하다.
영화 〈인사이드 아웃〉에서 빙봉이 사라질 때
나는 울지 않았다.

그렇게 서글프게 울 것까지는 없었다.
어차피 어른이 될 때 빙봉은 떠나가게 마련이다.
그래서 어른이 되면 이야기 만드는 법보다는
남이 만들어놓은 이야기에 감탄한다.
재테크와 주식 이야기, 남의 뒷담화를 즐거워한다.
그러고는 재미있는 이야기가 나오기를
목이 빠져라 기다린다.
이제 이야기를 꺼내보자.
말이 되든 안 되든 친구들에게 들려주던 이야기를,
어린 시절의 빙봉을,
엄지공주를 깨워보자.
재미있는 이야기란 결국 다 그럴싸한 거짓말.

날 선 이야기

콘셉트가
달라야 합니다

　　　　　　　　　　　　　　　광고에서 빼놓지 않는 것 중 하나가 콘셉트다. 요즘엔 그 개념이 많이 희석되었지만, 오래전 선생님의 가르침에 뒤통수라도 맞은 것처럼 멍했던 기억이 난다. 개념은 누구나의 머릿속에 있는 공통의 생각이고, 특별히 의도한 개념이 바로 콘셉트라는 이야기. 우리들이 재미있어 하고 열광하는 것들을 자세히 뜯어보면 모두 콘셉트가 다르기 때문이라는 진리를 깨달았다.
　　콘셉트가 다른 이야기는 사람들의 마음을 움직이게 하고 흥미를 유발한다. 한때 스토리텔링이 꽤 이슈가 되었던 적이 있다. 스토리텔링이란 한마디로 콘셉트가 분명한 이야기가 되어야 한다는 것이다. 물론 콘셉트가 좋다고 해서 다 재미있거나, 잘 팔리거나, 사람들의 머릿속에 각인되는 것은 아니다.

"누군가가 어떤 일을 하려고 대단히 노력하는데 그것을 성취하기는 매우 어렵다."

_프랭크 대니얼

드라마의 본질을 명쾌하게 풀어놓은 글귀를 본 후 나는 당장이라도 시나리오, 소설, 재미있는 이야기를 마구 쓸 수 있을 것 같았다. 하지만 막상 이루기 어려운 것을 꺼내려고 보니 어디서부터 시작해야 할지 막막했다. 노력해도 성취하기가 어려운 일을 내가 아는 범위 내에서 이야기한다면 관심을 받을 수 있을까? 그 점을 차치하더라도 우선 재미가 없었다. 내가 아무리 상상해낸다고 해봤자 어디선가 한 번쯤은 익히 본 것이라 신선하지 않았다. 우리가 글을 읽고 재미있다고 느낄 때 그 안에는 드라마가 있다.

〈심청전〉에서도 아비의 눈을 뜨게 하기 위해 심청이는 부단히 노력한다. 인당수에 뛰어들어 목숨을 바칠 정도다. 그냥 아버지를 봉사로 살게 놔두면 이야기는 진척되지 않는다. 즉 주인공이 갈등이나 문제를 해결하기 위해 힘들게 노력하고, 그 노력을 통해 갈등이 중첩된다. 그리고 클라이맥스를 넘어서 해결된다.

일기나 에세이를 넘어서 이야기가 담긴 긴 글을 쓸 때는 갈등이 존재해야 한다. 우리네 일상 속 갈등은 금세 해결되거나 그 갈등이 운명을 바꾸지 않는다. 그래서 일기나 에세이는 큰 반향을 일으킬 수 있는 이야기가 되지 못한다.

매번 날 선 이야기나 색다른 이야기를 찾아가는 것은 어렵다. 콘셉트가 달라야 하는데 그 과정이 쉽지 않다. 콘셉트가 다른 콘텐츠를 잘 만드는 예는 '나영석 PD표 예능'을 들 수 있겠다. 드라마틱하지 않아도 사람의 마음을 움직이고 세상이 원하는 바를 캐치해서 보여주는 것. 〈윤식당〉도 그렇고, 〈삼시세끼〉도 그렇고, 최근 들어 선보인 〈숲속의 작은 집〉까지 자극적이지 않으면서 새로운 장르를 시도한다는 점에서 늘 주목을 끈다.

콘셉트가 확실하게 다른 이야기를 예로 들면 드라마 〈비밀의 숲〉이다. 이 드라마에는 지금껏 없었던 새로운 캐릭터가 등장했다. 감정을 느끼지 못하는 검사의 출연은 신선했다. 보통 감정을 느끼지 못하는 소시오패스는 나쁜 짓을 하는 범인으로 악의 축이 되곤 한다. 〈비밀의 숲〉은 감정을 느끼지 못해서 오히려 더 정의로울 수 있는 검사 캐릭터를 만들어냈다. 놀라운 반전이었다. 보통의 룰에서 벗어난 사고의 전환과 촘촘한 이야기로 재미와 의미를 다 선사했다.

세상 아래 새로운 이야기는 없다고 했다. 나올 만큼 다 나왔다고. 그래도 기다리면 재미있는 이야기는 계속 나온다. 같은 소재를 비슷하게 다룬 이야기가 나올 법도 하지만, 결국은 다르게 말하고 다르게 싸운다. 칼을 품고 있어야 갈등이 생기고, 그 갈등을 해결해나가면서 이야기는 앞으로 나아간다.

자, 이제 나만의 날 선 이야기를 풀어낼 준비가 되었는가?

첫 번째 회사를 그만두면서 구상했던 미스터리 살인 사건을 단편소설 습작으로 풀어봤더니 요즘으로 치면 한없이 평범한 이야기가 되었다. 이야기도 시간의 흐름에 따라 반응이 달라지니까. 좋은 이야기가 있다면 빨리 풀어내보자.

Writer's Comment

아무리 생각해도 저는

드라마 3편, 영화 2편, 소설 1.5편을 믹서에 넣고 돌려버린 이야기밖에 나오지 않는걸요.

오늘의 연습

지금까지 살아오면서 나에게 영향을 준
하나의 아이템을 떠올려봅니다.
그 대상에 이입되어 한 편의 글을 써보세요.

선풍기도 좋고, 농구공도 좋고, TV도 좋습니다.
그 물건, 그 소재가 어떠한 영향을 미쳤는지 써봅니다.
아이템 주인공이 되는 이야기를 만들어봐요.

나만 쓸 수 있는 내 글

속부터
시작해봅니다

견출지를 붙이거나 물건에 이름을 쓰는 게 당연하던 시절이 있었다. 누가 빼앗아가는 것도 아닌데, 물자가 풍족하던 시절이 아니어서 그랬던 것 같다. '잃어버리면 또 사면되지'라는 생각보다는 무조건 내 필통, 내 가방, 내 신발주머니, 내 스케치북. 그러다 보니 내 것에 대한 애착이 강했다.

글도 그렇다. 내 것에 대한 애착이 시작되는 순간 새로운 이야기가 탄생한다.

내 글이 되기 위해서는 비밀이 있어야 한다. 내가 겪은 경험, 나만 아는 이야기. 그러나 정말 내 속을 다 들여다보고 쓰면 '논픽션'이다. 재미가 그다지 있지 않다. 어르신들이 가끔 "내가 살아온 이야기를 책으로 쓰면 서너 권은 될 거야"라고 말씀하신다. 반은 맞고 반은 틀리다. 분량으로는 그만큼 나올지 모르지만, 내 이야기가 남에게는 재미있을 리 없다. 사람들이 좋아하는 이야기와 내 이야기가 동시에 딱 맞는 접점이 자주 생기지도 않는다.

소설가 지망생도 많고, 문학을 공부하는 사람도 많고, 시나리오나 드라마 작가 지망생도 많다. 나 역시 도전해봤다. 결과는 그냥 내 직업을 계속하고 있다. 이유는 뻔하다. 재주가 없거나 이야기꾼이 아니거나. 결국은 부족하단 말!

그래서 포기했냐고 누군가 묻는다면 아니라고 답할 수 있다. 이야깃거리가 생기면 언젠가 다시 도전할 것이다. 아직 이야기를 풀어내기에는 일상이 팍팍하기 때문이라고 변명을 해본다. 나는 못하지만 누군가는 재미있는 이야기를 계속 해주기를 바란다. 좋은 이야기를 기다리는 사람이 많다.

작가들이 남의 이야기인 것처럼 쓰고 있지만 사실은 그렇지 않다. 자신이 살아오면서 겪었던 누구에게도 말하기 싫은 실수담, 세상 찌질하기 이를 데 없는 연애담, 속 시끄러웠을 가정사 등이 담겨 있다. 살아온 경험을 그대로 쓰면 논픽션이고, 픽션은 허구의 이야기다. 그러나 그 허구란 놈도 아예 맨땅에서 원자 결합을 하듯이 나올 수는 없다. 약간의 사실 위에서 시작한다. 바로 누구도 겪지 않았을 자신만의 과거다. 자신의 이야기를 하기 싫다면 글을 쓰는 게 어려울 수밖에 없다. 픽션을 쓴다고 하면 마음속으로 잊지 말아야 할 것들을 정리해봤다.

과거와 마주하다

이야기를 써나가는 데 과거의 경험이 없다면 해변에서 모래성을 쌓는 것처럼 조금만 바람이 불어도 흔들린다. 꺼내고 싶지 않았던 과거까지 꺼낼 때 새로운 글감을 얻게 된다. 아직 오지 않은 이야기를 기다리기보다 과거의 우리를 꺼내자. 그거 참 잘하는 이들이 드라마 〈응답하라〉 시리즈를 만드는 팀!

기억을 들추다

과거 속에 빛나는 기억만 존재할 리 없다. 영원히 묻어두고 싶은 기억, 누군가에게 들키고 싶지 않은 찌질하다 못해 몸서리가 쳐질 만큼의 기억이 도리어 남에게 희망이나 울림을 줄 수 있다. 물론 나도 가끔은 솔직하지 못해서 망설일 때가 많다.

가장 빛났던 순간을 떠올리다

누군가에게 자랑하고 싶을 만큼 자신이 돋보였던 때가 있을 것이다. 그 순간을 설사 스쳐 지나갔더라도 돌이켜보면 지금보다는 더 돋보였던 날들을 기록해보자. 어두운 면과 밝은 면이 공존하는 이야기야말로 재미있는 글감이 된다.

사건에 집중하다

우리는 살면서 사건을 만들고 때로는 휘말리기도 한다. 신문이나 뉴스에서 다뤄지는 큰 사건 사고도 있겠지만, 보통은 소소한 에피소드로도 충분히 재미있는 이야기가 만들어진다. 소설을 공부할 때 기사 하나를 재구성해보는 방법을 배운 적이 있다. 요즘도 가끔 기사를 보면 앞뒤 상황을 상상해보기도 한다. 소설이나 드라마 모두 사건이 있어야 하므로 사건을 알아두면 유용하다.

작은 것을 소홀히 하지 않는다

세밀한 것의 아름다움을 알아갈 때 세상이 재미있어진다. 지난날 아무렇지 않게 스쳐 지났던 한 사람의 뒷모습이 갑자기 불현듯 떠오르면 그 사람의 체취, 함께 걸었던 길, 자주 갔던 레스토랑의 식탁보까지 경험했던 모든 기억이 소중하게 느껴진다. 그것을 기억해내서 옮길 수 있으면 그때부터 작은 이야기가 시작된다.

Writer's Comment

글을 잘 쓰는 이들은
말도 잘합니다.

그래서 친구들을 만나면
늘 웃기에 바쁩니다.

FRIDAY

오늘의 연습

누군가에게 이야기를 해주고 싶어질 때가 있습니다.
팩트가 아니라 그냥 이야기 말이죠.
따뜻하거나 처절하거나
그냥 머릿속에서 생각나는 것을 옮겨보세요.

과거에 차였던 이야기를 각색해도 됩니다.
누가 아나요? 내가 그를 뻥 차버렸는지.

어차피 이야기는 그럴싸한 거짓말이라고요.

언제나 소설은 옳으니까요

상상의 토네이도를
일으켜봅니다

우리가 잘 아는 빨강머리 앤이 넷플릭스 드라마 〈앤〉으로 나왔다. 다들 꼭 보라며 강력 추천했다. 드라마를 보기 시작하면서 아이러니한 나와 마주했다. 드라마 속 앤은 계속 상상 속의 코딜리아 공주를 외치면서 상상의 즐거움을 이야기했다. 나는 책을 보며 상상하는 것이 아니라 눈앞에 펼쳐진 영상을 보며 황홀해하고 있었다. 책이 주는 기쁨보다 아름다운 풍경과 디테일하게 살아나는 모든 것에 감탄했다.

내가 상상하던 앤의 모습과 싱크로율 100퍼센트인 배우가 보여주는 연기는 짜릿했다. 상상 속 모습과 흡사했으니까. 다시 생각해보면 그때 상상하지 않았다면 영상을 봐도 그렇게 놀랄 만큼 좋아하진 못했을 것이다. 그래서 깨달았다. 글이 주는 상상을 더 오래 붙잡고 있도록 해야 한다는 것을.

　　몇 년 전 소설이 너무 써보고 싶어 소설 강좌를 미친 척하고 끊었다. 정말 미친 짓이었다. 소설은 쓰고 싶다고 해서 쓰는 것이 아니다. 대학 시절 노트에 단편소설을 한 페이지 습작했다가 진도가 나가지 않아 접었던 적도 있다. 허세 작렬인 글과 글 사이에 온갖 고뇌를 넣어가며 한 문장씩 써 내려가다 보면, 무슨 이야기를 하려는 것인지조차 흐트러져 머리와 꼬리가 맞지 않은 괴물을 맞닥뜨렸다. 물론 이 한 부분만으로 어찌 소설을 논할 수 있겠는가. 그럼에도 불구하고 소설을 읽으면 써보고 싶은 욕구가 스멀스멀 일어날 것이다.

　　소설 강좌를 들으며 배운 몇 가지가 있다. 그중 가장 기억에 남는 것은 창의적 글쓰기를 위한 나의 발상법과 소설가의 발상법은 차원이 다르다는 것이다. 뒤통수를 맞은 것처럼 뻐근했다.

볼펜――――――――――――――――――기린
립스틱―――――――――――――――――UFO

볼펜이 기린이 될 때까지, 립스틱이 UFO가 될 때까지

내 머릿속의 연상 작용인 창의적 발상에서 명심해야 할 점이 있다. 생각하면서 전진하다가 제품이나 브랜드의 손을 놓치면 안 된다는 것이다. 광고 카피는 Relevance를 갖춰야 함을 잊으면 안 된다. 즉 타당한지, 적당한지, 관련이 있는지를 생각하며 아이디어를 내야 한다. 너무 많이 앞서 가버리면 제품이나 브랜드와 멀어져 자기도 모르는 새 안드로메다의 B129 행성에 안착하고 만다. 제품의 손을 놓치지 않기 위해서 부단히 노력해야 한다. 그러나 소설 창작 과정에서는 연결성이나 연관성은 생각하지 않고 무한대의 상상이 필요했다. 머릿속에서 일어나는 상상의 토네이도를 계속 일으키면 자신이 생각한 것 이상의 재미있는 소재를 얻게 될 것이다.

내 안의 거짓말쟁이를 불러라

소설가 김영하는 TED 강연에서 이런 말을 했다. 어렸을 적 우리는 모두 거짓말을 하며 신나게 이야기를 지어내는 이야기꾼이었는데, 어느 순간 어른들의 간섭으로 거짓말을 안 하게 되었다. 그러다 보니 스토리텔링은커녕 재미없고 딱딱한 생각만 하게 되었다. 100퍼센트 동감한다. 무조건 적확한 것을 요구하고 경쟁 상황만을 만들어가며 틀에 가두다 보면 사고가 경직된다. 재미있다는 것에도 감흥이 없어진다. 속이고 속는 것이 윤리적으로 저촉되지 않는 수준이라면 이야기는 거짓말부터 시작된다는 점을 잊지 말자. 모든 이야기가 진실이라면 얼마나 척박하고 재미없겠는가.

빈틈을 찾으면 스토리가 된다

소설이 아무리 상상을 기반으로 한다고 해도 현실에서 벗어나면 SF 장르로 치부된다. 그래서 하나의 소재 안에서 상상으로 그 빈틈을 찾아가도록 훈련했다. 예를 들면 미라 상태의 시신이 발견된 신문기사를 재구성해보는 것이다. 기사에 따르면 집주인의 부탁을 받아 청소하러 들어간 관리인이 시신을 발견했고, 경찰은 숨진 지 10개월 정도 된 것으로 추정했다. 경찰은 CCTV 분석과 주변 탐문 조사를 토대로 정확한 사망 경위를 조사 중이다. 죽은 당사자가 주인공일 수도 있고, 발견한 관리인이나 경찰이 주인공일 수도 있다. 시점에 따라 이야기는 완벽하게 달라진다.

Kitchen Table Novel

전문 작가가 아닌 사람이 노트나 컴퓨터에 무언가를 쉼 없이 써 내려간 소설을 뜻한다. 끈기 있게 쓰는 사람 앞에는 장사 없다. 나는 회사를 다니지 않고 글을 쓰면 멋들어진 소설 한 편을 써내 등단할 줄 착각했다. 2년을 백수로 지냈지만 단편소설 서너 개와 어디 내놓기에도 부끄러운 장편소설 하나를 갖고 있다. 습하기 이를 데 없는 습작들이다. 시간이 많다고 해결될 게 아니었다는 이야기. 단언컨대 글의 완성도는 쓰다 말다를 반복하면서 높아지지 않는다. 엉덩이로 써야 한다는 말이 딱 적합하다. 핑계를 대지 말고 말이다.

Writer's Comment

소설을 읽으면

소설가들의 재능에 샘이 나서

요즘엔 아예 어려운 책을 봅니다.

부러움을 차단하다

결국 독서의 즐거움마저 사라져

걱정입니다.

오늘의 연습

눈앞에 놓인 아이템의 발전 과정을 쭉 따라가 보세요.
전화기가 할머니의 쌈짓돈으로 변할 수 있는지 말입니다.
그러다 보면 자신도 모르게 하나의 이야기가 스멀스멀 자랄
것입니다.

한번 적어보세요.
이야기란 그리 어려운 게 아니니까요.

시나리오나 소설이나

삼삼하면
됩니다

시나리오나 소설이 당선된 적도 없는 내가 이런 글을 쓰고 있는 게 영 떳떳하진 않다(KBS 단편드라마 1차 예선 합격의 오래전 영광을 기억하고, 단편소설로는 앱북으로 출간한 게 전부다). 그래도 그간 여기저기 기웃거리며 주워들은 풍월로 이야기를 쓸 때 꼭 기억해야 할 몇 가지를 추려보았다.

입체적 주인공을 만들자

이야기 속에서 살아 움직이는 것은 캐릭터다. 갈등을 일으키고 해결하는 것은 진정 캐릭터의 싸움이다. 즉 누구의 이야기인지 드러나야 한다. 예전에는 평범하고 밋밋한 평면적 캐릭터들이었다면 요즘에는 속물 변호사, 비리를 일으키는 형사 등 기존의 상식을 뒤집는 입체적 캐릭터들이 살아나고 있다.

자유롭게 시간을 넘나들다

《삼포 가는 길》, 《메밀꽃 필 무렵》은 과거의 상황과 현재의 상황이 맞물려 있다. 시간을 어느 시점에 두는가에 따라 이야기는 달라진다. 드라마 〈시그널〉, 〈터널〉처럼 아예 시점을 옮기는 타임 슬립 이야기도 많다. 일본 영화 〈너의 이름은〉, 〈나는 내일, 어제의 너와 만난다〉도 마찬가지다. 타임 슬립 드라마와 영화의 인기는 좀처럼 사그라지지 않는다. 나 역시 타임 슬립 이야기를 좋아하는 편이나 정작 쓸 수는 없다, 어려워서.

공간을 그림으로 그리고 써라

공간적 배경에 대한 치밀한 묘사가 필요하다. 소설가들의 노트를 서점에서 본 적이 있다. 그중 《7년의 밤》을 쓴 정유정 작가는 공간적 배경을 스케치해둔 것은 물론, 꼼꼼하게 동선을 그리고 디테일하게 색칠을 하여 실제인 듯 그려놓았다. 가상의 공간이라고 해도 그림으로 그려본 후에 쓰는 것은 분명 다르다.

시나리오의 경우는 더 심하다. 사전 조사와 인터뷰, 자료 수집을 위한 조사 작업을 한다. 잘 모르는 사람은 보이는 것이 다인 줄 알지만, 밑 작업이 있어야 한다. 그런 품과 노력을 들이지 않고 시나리오를 쓰겠다는 오만은 부리지 않는 것이 좋다.

잊지 말자, 3장 구조

극작법의 할아버지 아리스토텔레스는 이런 명언을 남겼다.

"모든 이야기에는 시작이 있고 중간이 있고 끝이 있다."

시드 필드의 저서인 《시나리오란 무엇인가》를 봐도 3장 구조를 강조했다.

시작	중간	끝
ACT 1 설정	ACT 2 대립	ACT 3 해결

1장. 등장인물과 전체 스토리가 처한 상황을 다룬다.
2장. 그 상황이 진척되어 정점에 이르게 되는 커다란 문제를 다룬다.
3장. 갈등과 문제가 어떻게 해결되는지 다룬다.

드라마는 결국은 '무엇과 무엇이 부딪치는 이야기'라고 한다. 최고의 반전 영화로 손꼽히는 〈식스 센스〉는 유령과 인간의 갈등이 아닌 내적 갈등을 표현했다. 항상 장애물이 부딪쳐야, 갈등이 생겨야 시나리오가 진행된다. 시나리오는 그냥 밋밋하게 갈 수 있는 소설보다 훨씬 장애물이 많고, 갈등 구조도 선명하다. 여러 시나리오 작법 관련 서적이 있지만, 그중에서 가장 기억에 남는 것은 이 말이다.

작가가 되고 싶은가? 글을 써라. 그것도 많이 써라.
무엇보다 먼저 초고를 빨리 써라.
한 만 신 정도 쓰고 나면 너를 판단할 수 있을 거야.

_심산, 《한국형 시나리오 쓰기》, 해냄(2004)

글을 써서 글밥을 먹고사는 이들이 주변에 있다. 그만큼 글을 잘 쓰는 이들이 많다. 회사에 가면 나를 옛날 사람으로 만들어버리는 '8초 세대'도 있다. 1990년대 중반에서 2000년대 초반에 태어나 디지털 환경에서 자란 Z세대는 울트라 퍼니(Ultra Funny)를 찾는다고 한다. 'ㅇㄷㅇ?(어디야?)' 같은 자음 언어를 탄생시킨 게 바로 이들이다. 수식어가 빠진 해시태그로 문장을 완성하는 8초 세대의 집중력을 유지하기 위해 광고계에서는 마케팅 전략을 고민한다. 그렇다면 시나리오나 소설은 어떻게 해야 할까? 그래서 나온 것이 짧은 웹드라마, 웹소설이다.

  어차피 8초 세대가 이 시대를 끌고 갈 테지만, 그 외의 세대는 아직도 호흡이 긴 좋은 영화나 드라마를 기다린다. 오랫동안 영화 시나리오를 쓰다가 드라마로 넘어간 작가도 있고, 다른 일을 하다가 뒤늦게 작가의 길을 걷는 이들도 있다. 순수문학만을 고집하다가 장르문학으로 전향한 작가도 있다. 시대의 흐름에 맞춰 글도 스타일도 변한다. 쓰고 또 쓰자. 만 신 정도 쓰고 나면 글길이 보일 것이다.

Writer's Comment

캐릭터란

히어로가 아니어도 됩니다.

설마

포켓몬스터를 생각하고 계신 것은

아니죠?

오늘의 연습

1. 이야기 속에는 언제나 매력적인 캐릭터들이 있습니다.
   지금 떠오르는 또는 앞으로 써보고 싶은
   매력적인 캐릭터에 대해 구체적으로 설명해보세요.

   예) 누군가를 기다리는 눈빛 때문에 관광객이 몰리지만, 정작 기린은
   눈이 멀어 보이지 않는다.

   고서점을 운영하고 있지만 정작 본인은 난독증으로 책을 읽지 못하
   는 여자 탐정.

2. 반대의 캐릭터도 있어야겠죠. 함께 그려봅니다.
   셜록 옆에 왓슨이 있는 것처럼. 캐릭터를 만들 때 이력서
   나 자기소개서를 쓰듯이 하면 좋다고 해요.
   좋아하는 드라마의 홈페이지에 들어가 보면 캐릭터 설명
   이 잘 나와 있습니다. 슥~ 훑어보세요.

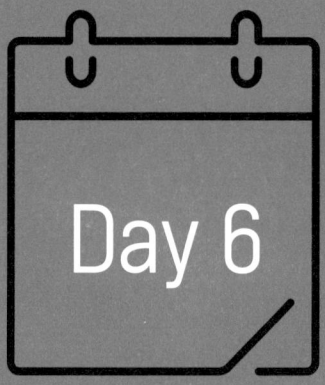

토요일

글을 매끄럽고 유연하게 만드는 비결,
한 줄씩 한 땀 한 땀 다듬고 다듬다

DAY 6. SATURDAY

카피라이터로 살았다가
지금은 자유인이 된 후배가 있다.
광고 카피를 쓰다 보면
그 제품과 브랜드에 애정이 생기곤 한다.
몇 년 전, 비싼 화장품만 쓸 것 같은 그 후배가
화장품을 권했다.
"제가 요즘 그 화장품 광고를 하잖아요.
언니, 이거 좋아요."
라는 말에 혹하고 말았다.
그 제품은 너무 순해서 나이를 직격탄으로 받고 있던
내 피부에 건조함을 선사해줬다.
결국 쓰지 못했다.
다행히 이번에 그녀 덕분에 산 제품은 의외로 좋아서
겨울 내내 건조함을 모르고 살았다.

살결도 피부결도 타고나는 법이라
아무리 좋은 화장품을 쓴다고 해결되지 않는 것처럼
글결도 타고나야 한다.
솔직히 인정하자.
글결이 거칠거칠할 수 있다는 것을.
내가 아무리 문장가를 흉내 낸다고 해서
그가 되지 않는 것을.
토요일은 각자 갖고 있는 글결을 다듬어보는 날이다.
기초부터 꼼꼼하게 메이크업을 하듯
다듬고 매만지다 보면
언젠가는 나처럼 기미, 주근깨가 많은 피부일지라도
멀리서 보면 피부 미인이 되지 않을까?
글도 자꾸 매만지면 좋아질 게 분명하다.
물론 타고난 글결 앞에서는 무릎을 꿇게 되겠지만.
자, 굴하지 말고 시작하자.

DAY 6. SATURDAY

글다듬기

나물을 다듬듯이
다듬어봅니다

               늦잠을 잘 수 있는 토요일. 고백하건데 외출하지 않으면 세수하지 않는 편이다(어우 더러워. 별걸 고백한다고 할 수 있겠지만). 그만큼 한껏 게으르게 지내고 싶은 것이다. 게으르게 시작하는 오전에 글을 좀 다듬어보자. 여러분이나 나나 글을 잘 쓰지도 못하면서 생각의 흐름대로 썼던 것을 그냥 방치할 수는 없다.
  오래전 우리 집에는 아이가 나밖에 없었다. 그러다 보니 할아버지와 지내는 시간이 많았다. 할아버지에게는 뜻하지 않게 가사 일이 주어지곤 했는데, 그걸 떠나서 우리 할아버지는 굉장히 가정적인 분이셨다. 할아버지와 마주앉아 바구니에 조그만 손을 넣어 콩나물을 하나씩 다듬는가 하면, 때로는 메주를 쑤려고 콩을 골라내는 작업에 투입되었다. 멸치 똥을 빼야 한다고 쭈그리고 앉아 멸치와 아이 콘택트를 하기도 했다. 너저분했던 것들이 사람의 손길이 닿고 나면 정갈해지고 예뻐 보였다. 그 선명한 기억을 갖고 있다. 그러나 카피라이터로 밥을 벌어먹기 시작하면서 나는 '정성을 다해 다듬다'라는 것을 잊어버렸다.

 헤드라인과 바디카피를 다듬고 다듬어서 뭐해 쓸려고 저러나 싶었던 적이 있다. 끽해야 네 줄 안팎의 바디카피를 읽고 또 읽고, 빨간 펜을 들고서 이렇게 바꾸고 저렇게 바꾸는 사수를 보면서 그걸 누가 읽는다고 저리 애를 쓰나 했다. 나를 괴롭히려고 저러나, 아니면 트집을 잡으려고 저러나 싶어서 복장이 터질 만큼 이를 악물고 버텼다.

 사수가 이렇게 저렇게 고친 것을 보면 처음과는 분명히 달라져 있었다. 중언부언으로 모호했던 글이 명쾌해졌고, 동어 반복으로 재미없던 글이 다양한 단어 사용으로 풍성해졌다. 그때 나는 짧은 바디카피에도 단어가 생각나지 않아 한 단어를 두세 번을 반복해서 쓰는 '반복 증후군'에 걸렸었다. 늘 써놓고도 무엇이 잘못되었는지 잘 몰라서 '이 정도면 되겠지' 하고 쉽게 타협하곤 했다. 지금도 카피를 써놓고 흡족하게 마음에 든 적이 없는 것을 보면 그리 잘 쓰는 편은 아닌 듯하다. 못 쓰는 게 분명하다. 이제는 타협을 쉽게 하지는 않는데, 주변을 보면 일필휘지로 잘 쓰는 사람은 많지 않다.

글을 써놓고 다시 보기 부끄러워 안 보는 경우도 있다. 어차피 개인 소장할 것을 굳이 다듬을 필요가 있을까 싶지만, 그래도 열어서 다듬다 보면 더 좋은 글의 방향으로 자라나기도 한다. 아이디어가 떠올라 다른 글을 쓰고 싶을 때도 생긴다. 글을 어떻게 다듬어야 하는지 모르겠다면 다음의 세 가지만 기억하자. 완전한 퇴고라기보다 편안한 글쓰기에서는 다듬는 정도만 해도 괜찮을 것이다.

첫 문장은 짧고 간결하게

더 좋은 시작은 없을까? 긴 문장이라 읽다가 호흡이 딸리면 과감히 두 문장으로 끊는다. 처음이 길면 첫인상이 지루해진다. 도입부는 빠른 템포가 좋다. 드라마 1, 2회의 진도가 빨리 나가는 것은 그런 이유에서다. 흥미로운 전개를 위해 첫 단락은 단문으로 속도감 있게 다듬자.

중간까지 한 호흡으로 읽히는가?

중언부언하지 않는지 살펴본다. 했던 말을 또 하는 것만큼 재미없는 것은 없다. 게다가 단어마저 반복될 때는 얼른 사전을 활용해보자. 예를 들면 '반드시'가 두 번 들어가는 것보다 한 번은 '반드시'를 쓰고,

다른 문장에는 '틀림없이', '꼭', '마땅히', '기필코', '어김없이', '필히' 등 유의어를 써서 더 유연하게 다듬는 편이 좋다.

쉬어갈 수 있게 소제목을 달아보자

잡지책을 보면 읽기가 편하다. 내용이 긴 글에는 중간에 소제목을 달아놔서 눈에 탁탁 걸리기 때문이다. 한 호흡으로 잘 달려가려면 쉴 수 있도록 쉼표를 배치해 다음을 안내하자! 글이 살아난다.

Writer's Comment

다듬는다고 좋아질까 싶지만,

다이아몬드도 세공을 해야 빛을 발한다고 하니까요.

한번 믿어봅시다.

오늘의 연습

짧은 글이라도 하나 꺼내서 읽고 또 읽으며
반복해서 다듬어봅니다.

제목도 다시 써보고, 단어도 바꿔보면서 찬찬히 매만져봐요.

우리말 맞춤법은

원래 잘 못 맞추는 거
아닙니까?

사람들 대부분은 글과 연관된 일을 하면 맞춤법도 잘 안다고 생각한다. 회사에 있는 모든 사람이 맞춤법과 띄어쓰기가 헷갈릴 때 내게 가져오곤 했는데, 정작 나는 모를 때는 과감히 모른다고 고백하고 '우리말 검사기'를 활용하라고 알려주었다. 카피라이터로 살고 있는 친구들도 맞춤법에 어긋나는 줄 모르고 쓰다가 누군가 알려주면 놀라서 그럴 리가 없다고 고개를 절레절레 가로저을 때가 있다. 게다가 의외로 비문을 많이 쓴다.

시적 허용과 맞먹을 만큼의 카피 허용이 있다 보니 새로운 단어의 조합이나 말도 안 되는 문장을 가감 없이 쓸 때도 허다하다.

카피라이터라면 사고 한번 크게 친 것을 무용담처럼 말할 때가 간혹 있다. 예전에 인쇄 사고 좀 쳐본 나로서는 책에서도 오탈자가 보이면 애교로 넘어가주곤 한다. 나도 잘못 알고 있는 단어를 쓰기도 하고, 인쇄가 넘어가기 직전에서야 간신히 오자를 발견하기 때문이다. 심지어 인쇄가 돌아가고 나서도 오자를 발견하지 못해 광고주에게 연락이 와서 심장이 덜컥 떨어진 적도 있다.

예를 들면 이런 식이다. 'Modern'을 'Modarn'으로 써서 인쇄물 사고를 크게 쳤다. 'Merry Christmas'는 어지간하면 'Merry X-mas'라고 쓰는 게 더 안전하달까. 'Chrismas'가 되는 것도 부지기수였다. 새해가 되어 받는 다이어리 중에 'Diary'를 'Dairy'로 표기한 것들도 다 헷갈려서 그런 것이다. 영문은 아무리 단어가 쉬워도 영문이니까 그럴 수 있다 하더라도 그럼 한글은 잘 아느냐? 그렇지도 않다. 카피를 빨리 넘기다 보면 아무래도 실수가 일어나게 마련이다. '성공적'이란 단어를 '성공격'이라고 표기해놓고 확인하지 못하는 바람에 신문 광고에 그냥 잘못된 채로 떡하니 나가기도 한다(물론 내 경우는 아니다. 낮은 연차 때 쳤던 사고들 덕분인지 이제는 주의에 주의를 기울이는 편이다).

요즘 문서 작성 프로그램에서는 잘못된 글자를 바로잡을 수 있다. 바로 빨간 줄이 쳐지는 것이다. 그러나 맞춤법 검사기가 완벽하게 돌아가는 것은 아니다. '나무라듯이'라는 단어를 '나물하듯이'라고 적어도 프로그램에서는 빨간 줄이 쳐지지 않는다. 즉 본인이 단어를 제대로 알고 있어야 한다는 말이다. '띄어쓰기'를 '뛰어 쓰기'라고 해도 역시 빨간 줄이 없다.

오자는 찬찬히 읽다 보면 찾아낼 수 있다. 문제는 처음부터 오자가 눈에 띄지 않으면 끝까지 눈에 띄지 않을 수도 있다는 점이다. 잘못된 줄 모르고 그냥 넘어가기라도 하면 인쇄 사고로 이어질 수밖에 없다. 따라서 그 모든 상황을 만들지 않는 게 좋다. 처음부터 올바른 단어를 쓰고, 성급하지 않게 타이핑을 하며, 문장을 읽으면서 잘못된 글자는 없는지 두 눈 크게 뜨고 살펴야 한다.

N포털사이트 검색란에 '맞춤법 퀴즈'를 쳐보면 국어 퀴즈가 오른편에 뜬다. 나도 맞춤법란을 클릭해서 가끔 해볼 때가 있는데, 형편없는 점수를 받고 적잖이 놀란다. 국어가 너무 어렵다.

퀴즈)

부탁하신 결재 서류가 보관함에 없습니다.

부탁하신 결제 서류가 보관함에 없습니다.

봄철 주꾸미는 맛이 일품이다.

봄철 쭈꾸미는 맛이 일품이다.

그는 직언을 서슴치 않는다.

그는 직언을 서슴지 않는다.

정답)

부탁하신 결재 서류가 보관함에 없습니다.

계산하는 것은 '결제', 서류를 확인하는 것은 '결재'다.

봄철 주꾸미는 맛이 일품이다.

문어과의 연체동물을 일컫는 말은 '주꾸미'다.

그는 직언을 서슴지 않는다.

'서슴지'는 '서슴-'이 어간으로서 본래 '하'가 없는 말이다. 따라서 어간 '서슴-'에 어미 '-지'가 붙어 '서슴지'가 된다.

 정말 모를 때는 검색 찬스를 이용하자. 맞춤법도 문제인데 띄어쓰기도 참 문제다. 매번 띄는 게 맞나 안 맞나 옥신각신할 때 나의 선택은 잘 모르겠으면 다 붙여버리는 것이다. 글이란 게 이 사람 저 사람의 손을 타다 보면 나중에는 속된 말로 걸레가 된다. 주어와 서술어가 사라진 채 남의 손을 붙잡는 경우도 비일비재하다. 예를 들어 '호수공원의 맨 앞자리의 앞선 생활'은 누가 봐도 광고주가 하고 싶은 말을 그대로 옮겨서 '의의 반복 증후군'에 걸려버린 사례다.

'우리말 배움터'에 들어가면 맞춤법 검사기가 있다. 검사기를 돌려서 맞춤법과 띄어쓰기 둘 다 잘못되어 있다고 하면 한숨이 절로 나온다. 헷갈리는 단어는 정신을 못 차릴 만큼 어렵다. 맞춤법이나 띄어쓰기는 틈날 때마다 공부해놓자.

Writer's Comment

카톡 친구로 등록하면
좋을 친구 하나 소개할게요.

국립국어원 국어생활종합상담실
'우리말365'랍니다.
이 친구에게 물어보면
정확한 설명과 답이 동시에 와요.

SATURDAY

오늘의 연습

메모장에 쓴 짧은 단락의 글을
맞춤법 검사기에 넣고 돌려봅니다.
얼마나 오류가 있는지,
아니면 정말 하나도 고칠 게 없을 만큼 완벽한지
확인해보세요.

글 쓰는 것도 중요한데 맞춤법까지 중요하니,
세상 참 중요한 게 너무 많습니다.

글결을 결정짓는 퇴고

퇴보가 아닌
전진입니다

퇴고란 과연 무엇일까? 나도 말만 계속했을 뿐 이 기회에 찾아봤다. 당나라 시인 가도가 말을 타고 가다가 좋은 시상이 떠올라서 즉시 정리해보았다고 한다.

한거소린병(閑居少隣竝)　　이웃이 드물어 한적한 집,
초경입황원(草徑入荒園)　　풀이 자란 좁은 길은 거친 뜰로 이어져 있다.
조숙지변수(鳥宿池邊樹)　　새는 못 속의 나무에 깃들고,

승고월하문(僧敲月下門)   스님이 달 아래 문을 두드린다.

그런데 결구(結句)를 밀다(推)로 해야 할지, 두드리다(敲)로 해야 할지 몰라 이리저리 궁리하며 걷다가 자신을 향해 오는 행차를 피하지 못했다. 고관은 한유라는 당송팔대가 중의 한 사람이었다. 가도가 피하지 못한 까닭을 말하자 한유는 꾸짖기는커녕 '내 생각엔 두드리다가 좋을 듯하네'로 조언을 해주었다. 이후 이들은 둘도 없는 시우(詩友)가 되었다. 이 옛날이야기로 퇴(推)와 고(敲), 두 자 모두 문장을 다듬는다는 뜻이 전혀 없는데도 그러한 뜻을 지니게 되었다고 한다.

카피라이터들은 워낙 짧은 글을 써서 퇴고하는 법이 없을 줄 알지만 아니다. 퇴고하고 또 한다. 끝까지 해야 그나마 중간을 간다고들 하니까. 사람들은 퇴고를 염두에 두고 글을 쓰라고 한다. 물론 그게 정답은 아니다.

기왕이면 처음부터 퇴고 따위 필요 없을 만큼 쓰면 참 좋겠다만, 그렇다고 '퇴고할 거니까 그까이꺼 대충 쓰지 뭐'라고 생각하는 사람은 없다. 돌아가신 박경리 작가님도 글의 완성도는 퇴고 횟수에 달렸다고 했다. 결국 완성도를 높이려면 퇴고를 잘해야 하는데, 나 역시 내 글을 보다 보면 다시 읽기가 싫어진다. 써놓고 읽기 싫어서 퇴고하고 싶은 마음도 들지 않는다. 자꾸 잘 쓴 남의 글이 보고 싶어지고 퇴고하면 할수록 형편없는 글을 쓴 것 같아 쥐구멍이라도 들어가고 싶은

심정이 된다(쥐구멍은 좀 컸으면 좋겠다. 쥐구멍에 들어가서라도 퇴고는 해야 하니까).

너무 잘 써서 글에 취하기라도 하면 좋을 텐데, 그런 일은 좀처럼 일어나지 않는다. 퇴고하며 글의 완성도를 높이는 수밖에. 내 나름대로 정한 퇴고하는 법을 정리해본다.

물 흐르듯 자연스럽게 읽히는가?

나물 다듬는 것처럼 글도 다듬자고 했던 것과 살짝 겹치지만, 퇴고할 때는 다듬는 정도가 아니라 좀 더 심혈을 기울여 읽으면서 정리해야 한다. 처음부터 쭉 한 번에 읽고 걸리는 것이 없는지를 살피자.

주제를 머릿속에 떠올리며 읽는다

말하고자 하는 방향의 표지판을 따라 글이 잘 흘러가고 있는지를 생각하며 다시 읽는 것을 뜻한다. 의도했던 바로 가고 있는지, 글길을 따라 제대로 가는지 확인한다. 아니면 바로 수정을 가해야 한다.

정확히 표현하고 있는지 문단을 끊어서 살핀다

의미상 어색하거나 맥락과 상관없는 표현을 하고 있는 것은 아닌지 문단마다 끊어가며 꼼꼼하게 살펴본다. 늘어지는 말은 줄이거나 과감히 삭제한다.

모호한 단어는 분명한 단어로 바꾼다

단어가 제대로 유용하게 쓰였는지 살펴보자. 어떤 단어가 더 적확한지를 판단해서 적재적소에 써야 한다. 모호한 단어보다 분명한 단어가 글을 더 또렷하게 만든다.

더할 것은 더하고 뺄 것은 뺀다

문장이 다 마음에 들지 않아서 또는 중언부언하는 것 같아서 빼고 빼다 보면 글의 양은 확 줄어들고, 무슨 말을 하는지 더 알 수 없게 될 때가 있다. 더할 것은 더해야 하고, 불필요한 것은 빼야 한다. 그 간극을 잘 맞출 줄 알아야 글이 더 좋아진다.

은유, 비유, 직유 등의 수사법은 괜찮은가?

수사법은 과하지도 모자라지도 않게 써야 한다. 담백함으로 진솔한 메시지를 전해야 글의 주제를 명료하게 전달할 수 있다. 글의 색깔에 맞춰 적절한 수사법을 활용했는지 다시 한 번 검사한다.

Writer's Comment

처음부터 끝까지 글을 잘 쓰면 참 좋겠습니다.

AI는 퇴고 과정을 거치지 않을까 궁금해집니다. 일본에서는 벌써 AI가 소설을 써서 입상을 했다고 하던데요.

털썩.

SATURDAY

오늘의 연습

간단한 글다듬기가 아니라 좀 길게 써놓은
글을 가지고 퇴고를 해봅니다.

퇴고를 열심히 하다가 첫 문장만 남아 있는
불상사는 생기지 않았으면 합니다.

메모장 활용법

SNS도 미리 적고 나서
올려봅니다

　　　　　　　　　　　　　　어렸을 때 연필을 좋아했다.
특히 동아연필에서 만든 옥토끼 연필이 이유 없이 너무 좋았다. 필통
에 뾰족하게 깎은 옥토끼 연필 다섯 자루를 넣어서 다니면 그렇게 좋
을 수가 없었다. 선생님께서 동그란 연필은 책상에서 굴러 떨어지니
까 각진 연필을 쓰라고 했던 기억이 난다. 동그란 연필은 데구루루 굴
러 떨어지고, 그러면 연필에 멍이 들어 흑심이 자꾸 부러진다는 것.
그럼에도 불구하고 옥토끼 연필을 놓을 수는 없었다. 사각사각 그 부

드러운 질감과 써질 때 보드랍게 공책 위를 달리는 그 촉감.

　연필에서 샤프로 갈아타고, 나이가 들어서 어른이 된 후에는 볼펜으로 바꿨다. 그런데 컴퓨터로 일을 하면서도 필기구에 대한 욕심은 줄어들지 않는다. 나는 카피 노트라고 아이디어 노트를 쓴다. 그곳에 연필로 카피를 적고 좀 괜찮다 싶은 것은 형광펜을 칠하거나 색깔 펜으로 따로 표시한다. 그 후 다시 컴퓨터로 옮기는 과정을 거친다. 즉 메모해놓지 않으면 짧은 글이든 긴 글이든 시작하기 어렵다. 머릿속에 설계한 글이 좀처럼 나아가지 못하고 길을 헤맬 때는 메모해둔 것에서 팁을 얻는다.

　요즘엔 보통 한글 프로그램이나 MS워드를 활용하는데, 그 전에 메모장을 열어 먼저 써보는 게 좋다. 기본 프로그램에 있는 것으로 크기를 조절하면 하얀 여백이 커지기도 하고 작아지기도 한다. 메모장에 글을 적은 후 빈 문서에 다시 쓰는 것이 퇴고하기에도 훨씬 수월하다. 즉각적인 반응이 오가는 인터넷상의 글도 그 플랫폼에서 작성하다가 괜히 날려먹지 말고 메모장을 활용하자.

　오늘 하고 싶은 이야기가 '봄'이라면 내게 찾아온 봄에 대해 자유로운 생각을 펼쳐서 적고, 제3자의 눈으로 처음부터 다시 본다. 주어와 서술어가 너무 멀리 떨어져 있다면 빨리 친하게 만들어야 한다. 맥락에 맞지 않는 감상이 불쑥 튀어 나와 있다면 Del키를 눌러 지워본다.

얼추 글줄이 늘어간다면 기분 좋게 블로그에 옮긴다. 적당한 사진을 골라 첨부해도 괜찮다. 작성 완료를 누른 후 한 시간 정도 있다가 다시 보자. 메모장에 있을 때와 얼마나 다른 느낌인가. 또 다른 방법으로는 메모장에 있던 내용을 Ctrl+C(복사하기), Ctrl+V(붙여넣기)로 문서 프로그램에 옮기는 것이다. A4 크기의 절반도 채워지지 않았다 하더라도 실망하지 말자. 양보다 글이 갖고 있는 힘이 더 중요하다.

 스마트폰을 이제는 작은 컴퓨터처럼 쓸 수 있는 시대다. 나는 스마트폰을 남들보다 좀 늦게 샀는데, 아이디어를 적기에 노트만큼 편한 게 없었기 때문이다. 그러던 와중에 내 요구에 적합한 모델이 나와서 현재까지 잘 이용하고 있다. 펜으로 쓱쓱 메모장에 적은 후 문서화하는 작업을 한다. 옮기는 과정에서 생각의 가감이 일어나 더 좋은 아이디어들이 나오는 편이다. 물론 중간에 휘발되는 아이디어나 문장도 상당하다. 신속하게 옮기는 게 관건이라 할 수 있다. 메모할 때 사용하는 도구가 중요한 것은 아니다. 다만 생각 정리의 시간이 필요하다는 것.

 밤에 쓴 편지는 부치는 게 아니라는 말이 있고, 밤에 남긴 문장은 그다음 날 지워버려야 한다는 말이 있다. 시간이 흐르고 나면 감정이 야박해지고 글의 감동도 줄어들게 마련이다. 하지만 그렇기에 시간을 두고 지켜보는 것이 좋지 않을까. 메모장은 그 과정을 묵혀두기에 청국장만큼 좋은 장이라고 생각한다.

Writer's Comment

좋은 글귀도, 마음을 움직인 문장도
메모를 해두면 피가 되고 살이 됩니다.

아,
다이어트는 내일부터!

오늘의 연습

오늘 간단히 써본 메모장 파일을 열어볼까요?
저는 뒷담화를 메모장에 써서 그런지 현실성이 넘치네요.

여러분은 어떻습니까?

일요일

자극이 있어야 나오는 글,
삶의 품에서 쏟아지는 빛줄기를 정리하다

DAY 7. SUNDAY

지금과 다른 라이프스타일을 보냈던 때
야근과 야식, 외식으로 MSG 중독 사태가 벌어졌다.
몸이 견뎌내지 못해 빈혈도 오고
(많이 먹는데 빈혈이라니)
알코올로 인한 만성부종까지(살이 찐 거겠지).
카페인 중독으로 위염을 달고 살았다.
막판에 찾아온 것은 두통과 무기력증
그리고 남을 미워하게 되는 황폐함이었다.
그렇게 회사를 그만두고 2년의 안식년을 가졌다.
안식년의 시간을 돌이켜보면 한마디로 '빛'이다.
세상이 그렇게 밝은지 몰랐다.
늦게 일어나니 알게 된 비밀.
늘 새벽에 나갔다가 밤중에 들어오니
오전 10시의 햇살이 그렇게 눈부신 줄은
알아챌 수 없었던 날씨 업계의 비밀.

마나 삭막하고 쓸쓸할까. 나는 업무를 시작하기 전에 커피 한 잔으로 몸과 마음에 카페인의 기운을 촉촉이 불어넣어 집중력을 높인다. 하루에 두 잔 정도 마시는데, 차보다는 커피에 대한 선호도가 훨씬 높다. 커피를 마시면 기분이 좋아지고 정신이 또렷해져서 의욕적으로 일하게 된다. 카페인의 힘이다. 정작 그 힘이 얼마 가지 않아서 문제이긴 하다만. 커피는 아이디어를 이끌어주는 도구인 셈이다.

커피는 사고의 폭도 넓혀준다. 스트레스 때문에 정신이 옴짝달싹하지 못할 만큼 꽉 막혀 있다면 야외 테라스가 마련된 카페를 찾아 커피를 마시면서 실컷 수다를 떨어본다. 기분 전환과 함께 막힌 속이 쑤욱 하고 내려갈 것이다. 이때 커피는 진한 아메리카노여야 효과가 있다. 아무 생각이 나지 않을 만큼 너무 시달려서 당 충전이 필요할 때는 적당히 단 커피를 마셔주는 것이 도움이 된다. 내가 한 달에 한 번 정도 극단적 방법으로 선택하는 S커피의 돌체라테는 단맛이 혀 안쪽 목구멍까지 다다르고 나면 골이 띵해진다. 당 충전에는 그만한 게 없지 않나 싶을 만큼 최고다(마음에 안정을 찾는 대신에 허리둘레의 확장성이 동반되니 가끔만 사용하자).

커피를 마시는 것은 일상에서의 작은 일탈이다. 밥값보다 커피 값이 더 비싸다면서 상술이네, 마케팅이네 말이 많다. 그것도 사실이다. 하지만 커피 한 잔이 주는 기쁨을 아는 사람이라면 야박하게 먹지 말라고 막을 수는 없다.

커피를 테이크아웃해서 산책을 나가자. 나는 걷기를 잘하는 편이다. 보폭이 좁은 만큼 횟수를 여러 번 나눠 남들만큼의 속도를 낸다. 걷다 보면 일렁거렸던 마음이 제자리로 찾아간다. 자동차의 경적 소리, 사람들의 말소리, 나무에 스치는 바람 소리와 까치의 울음소리까지 가만히 귀 기울이면 소소한 소리들이 들려온다.

바짝 말라버린 겨울나무에서 어느새 파릇파릇한 순이 올라오고 일주일이 지나면 꽃망울이 터진다. 자연의 변화를 산책을 통해서만 알 수 있다. 어디 자연뿐일까. 가로수길과 가까운 곳에 사무실이 있어 원정 점심을 먹으러 가곤 한다. 가로수길을 걷다 보면 멋진 카페들이 생겼다가 금세 사라지고, Sale이라고 크게 걸어놓은 옷가게가 다음에 가보면 빈 상점이 되어 있다. 이런 길의 변화를 보는 것도 산책의 묘미 중 하나다.

글을 쓰는 데 커피와 산책이 무슨 큰 의미가 있을까 생각하겠지만, 내게는 충분히 큰 의미가 있다. 카페에서 커피 한 잔 마시는 일상의 여유를 가져보자. 때로는 산책길에서 만나는 강아지의 뒤태에서 글감을 발견하고, 바람에 휘날리는 꽃잎에서 좋은 글을 쓰는 계기를 얻을 것이다.

산책할 때 필수품
맘에 꼭 드는 발이 편한 운동화

테이크아웃 한 커피 한 잔
주머니에는 스마트폰과 이어폰
BGM이 필요 없다면 당신은 산책의 고수

특히 일요일 오전의 산책길에서 만나는 햇빛은 보통날의 햇빛과 다르다. 한 발 한 발 내딛는 발끝에 신경을 집중하면 아스팔트에 닿는 촉감도 느끼게 된다. 걷다 보면 문득 만나게 되는 우연한 관찰을 즐겨보면 좋겠다. 우리 집 동네는 교회가 있는데 이상하게 예배를 보러 가는 이들은 본 적이 없다. 회사 근처 동네를 산책하다가 발견한 것은 유난히 철물점이 많다는 사실. 이유는 뭘까? 언젠가 그것을 소재로 글을 써봐야겠다고 머릿속으로만 염두에 두고 있다.

매일 산책길을 다르게 짜보는 것도 생각을 전환하는 데 좋은 방법이다. 산책길 루트에 따라 눈에 걸리는 풍경이 다르게 펼쳐질 것이고, 그에 따라 따라오는 글감도 더 풍부해질 것이다.

Writer's Comment

산책을 하다가 일본 만화《고독한 미식가》처럼

갑자기 배가 고프면

맛집이 눈앞에 딱 하고 나타나면 좋겠죠?

이런 상상에서 만화가 나오고,

드라마가 나온 것 같습니다.

오늘의 연습

산책길에서 사진 한 장을 찍습니다.
그 사진을 두고 짤막한 소감을 써봅니다.

그 사진이 봄에 피는 화사한 꽃인지.
여름에 무턱대고 올라오는 초록 나뭇잎인지.
의류 수거함에서 비죽하게 입을 빼물고 있는
낡은 이불인지 궁금하네요.

도서관과 책방 투어

책은 읽기 위함인가,
갖기 위함인가?

일요일 늦은 오전, 가방을 메고 나서면 어머님이 뒤에서 이런 말씀을 하신다. "도서관에 가냐? 또 안 읽고 가져다주는 거야? 책 읽는 게 아니고 운동하는 거지?" 어쩌면 그게 정답일지 모른다. 요즘 들어 독서량이 더욱 줄었다. 바쁘기도 하지만 재미있는 콘텐츠가 쏟아져 나오다 보니 진득하니 책을 읽기란 여간 어려운 일이 아니다. 도서관에서 책을 빌려오면 안 읽고 반납하는 횟수가 점점 늘어가서 결국 "그럴 거면 빌려오지도 마"라는 잔소리를 듣는다.

　도서관을 가는 것은 일주일을 정리하고 다시 일주일을 준비하는 나만의 경건한 태도이자 습관이다. 도서관은 일종의 힐링 장소다. 안 갈 수가 없다. 서가에 꽂힌 책들을 바라보고 있으면 묘하게 안정감을 찾고 스트레스가 사라져서 포만감에 사로잡힌다. 그 알 수 없는 충족감 때문에 한 시간 넘게 서가를 방황한다. 책등의 제목만 봐도 좋다. 주말에 도서관을 가는 게 여의치 않으면 점심시간에 회사 근처의 책방이나 중고 서점을 간다.

　예전에는 1년에 100권을 목표로 두고 읽었던 적도 있다. 지금은 40여 권을 읽는 데 그친다. 재미있는 책이 안 나온다는 핑계를 대기에는 세상에 재미있고 좋은 책이 너무 많다. 그냥 시간이 없다는 핑계를 대는 것일 뿐이다.

　나같이 독서가 마냥 어려운 사람에게 소심하게 전하는 당연한 조언 다섯 가지를 소개한다.

재미있겠다 싶은 책을 하나 고르자

　재미있겠다 싶은 책의 페이지를 넘겨보다 인상적인 글귀가 나오면 적어둔다. 그리고 그 책을 읽었던 다른 이들과 이야기를 나눠본다. 책에서 미처 발견하지 못했던 사항을 알게 될 것이다. 책은 읽고 난 후에 더 큰 파장을 몰고 오는 힘이 있다.

뜻이 맞는 이들끼리 독서 모임을 갖자

후배들이 하는 독서 모임에 나가기 시작했다. 주변의 시선이 따가울 만큼 뭐하러 그러냐 싶었지만 의외로 재미있었다. 흥미로운 책은 혼자 읽어도 좋다. 굳이 독서 모임에서 읽을 필요는 없다. 읽기 어려운 인문서, 끝까지 읽는 데 번번이 실패하는 고전 등 함께 읽고 이야기를 나누고 싶은 책이 있다면 4~6인 정도 모여서 독서 모임을 갖자. 독서의 즐거움을 깨닫게 될 것이다.

완독? 정독? 내키는 대로 하자

누군가는 책을 처음부터 끝까지 완독하고 꼼꼼히 정독해야 한다고 말한다. 다년간 내 독서 패턴을 감히 공개하면 읽다가 그만둔 책도 많고, 대충 재미있는 부분만 골라 읽기도 한다. 잘 읽히지 않을 때는 과감히 다른 책을 읽으면 된다. 세상은 넓고 책은 많다!

자신의 컨디션에 맞는 책을 읽자

기분 좋은 날의 연속일 때는 책 없이도 하루하루가 즐겁다. 그럴 때는 굳이 책을 안 읽어도 된다. 이유 없이 공허하거나 뭔가 일을 마무리 짓고 허무감이 찾아들 때 나는 어려운 사회과학 책을 읽는다. 마음이 울적할 때는 재미있는 소설이 좋고, 매일매일이 지루할 때는 여행기가 최고이며, 생각의 단절이 필요할 때는 누군가의 삶을 짧게 엿볼 수 있는 에세이가 좋다. 자신의 감정 컨디션에 따른 책을 가방에 넣자.

호흡이 짧은 책부터 시작하자

짧은 글부터 읽는 연습을 한다. 나는 출퇴근길에는 단편소설을 읽는다. 한 편씩 읽기에 알맞고, 뒷부분이 궁금하지 않게 적당한 때 끝이 나니까 업무에 지장을 주지 않는다. 단편소설, 이야기가 이어지지 않는 에세이, 단편적 지식을 알려주는 사회과학 책은 바쁠 때 읽으면 좋다. 장편소설은 시간이 많고 마음의 여유가 있을 때 도전해본다.

책 수집 욕심이 있어서 한 달에 한 번씩 정기적으로 인터넷 서점에서 책을 산다. 그러고는 '언젠가 읽겠지' 하며 책장에 모셔두고 새로운 책이 나올 때마다 또 산다. 사기만 해도 내용이 한꺼번에 머릿속으로 들어온다면 정말 좋을 텐데…. 지금으로서는 불가하니 눈으로 읽고 마음으로 느끼는 데 만족한다.

책 읽기가 어렵다고? 첫 장을 넘기면 그다음 장을 읽게 된다. 그게 순서이다. 순서를 따르다 보면 분명히 책으로부터 얻은 세상에 감탄하게 될 것이다.

Writer's Comment

구멍가게에서 100원짜리를 들고
과자를 고르는 아이처럼
저는 도서관만 가면 책 욕심이 많아져
계속해서 책을 들춰봅니다.

도서관에서 그냥 서성거리기만 해도
책 내용이 다 머릿속에 들어오면
참 좋을 것 같습니다.

오늘의 연습

가방, 피규어, 화장품, 옷 등 위시리스트를 갖고 계신가요?

책 위시리스트도 만들어봅니다.
어떤 책을 골라야 할지 모르겠다고요?
책 리뷰를 둘러보세요.
친구의 강력 추천 책도 넣어보세요.
책에서 책을 다시 만나게 됩니다.

지금 당장 읽지 않더라도 책 위시리스트만 적어도
마음이 뿌듯해질 것입니다.

보고 또 보고

테순이는
여전합니다

　　　　　　　　　　　　　　　　　　　세상을 알게 해준 창문이라고 하면 학생들은 스마트폰을 떠올릴 것이다. 나는 나무로 만든 문을 양쪽으로 드르륵 열면 나오는 금성TV다. 나보다 큰 창문이 어린 나를 세상과 연결시켜주었다. 배가 볼록 나온 브라운관의 모습이 아직도 선명하다. 흑백TV 시절을 거쳐 컬러TV까지 나의 TV 라이프는 한시도 멈춤이 없었다.

　　언니 오빠가 없는 내게 TV는 언니 오빠 역할을 해주었다. TV는 세계, 역사, 드라마와 예능 그리고 광고까지 안내했다. TV가 있어서 광고를 알게 된 것이나 다름없다. '12시에 만나요, 부라보콘'의 CM송을 외우게 만들었고, 각종 유행어를 활용해 글을 쓰는 데 도움을 줬으며, 드라마 대사를 흉내 낸 재미있는 이야기에 관심을 쏟게 했다. 여전히 나는 쉬는 날에 TV를 켜놓고 리모컨을 쥔 채 아무것도 하지 않고 누워서 멍하니 화면을 바라본다. 그 시간이 더할 나위 없이 소중하다. 자극받을 수 있는 시간인 동시에 자극에 굳이 힘을 쏟지 않아도 되는 무언의 시간들. 나의 카피 선생님은 명상의 시간을 가져야 한다고 하지만, TV를 통해 명상한다면 어불성설일까?

요즘엔 짤방처럼 TV가 아닌 매체로 영상을 보는 경우가 많다. 나 역시 오랜 시간 꾸준히 앉아 보는 인내심이 사라졌다. 그럼에도 불구하고 영화는 끊어볼 수 없는 매체다. 영화관에 가서 오롯하게 큰 스크린과 마주하는 그 컴컴한 곳에서의 짧은 설렘을 좋아한다. TV에서 누릴 수 없는 영화관만의 강제적인 압박과 그 특별함이 그리울 때가 종종 있다.

글을 쓰는 데 TV는 왜 봐야 하고, 영화는 왜 감상해야 하느냐고 묻는다면 같은 맥락이라고 답할 수밖에 없다. 글 없이 만들어지는 TV 프로그램은 없다. 영화도 마찬가지다. 세상의 모든 즐거움은 글이 아닌 것으로 완성될 수 없다. 스토리가 기반인 모든 것의 첫 번째 표현

도구는 글이기 때문이다. 잘 쓰고 못 쓰고를 떠나 가장 쉬우면서 가장 어려운 도구 글. 이제 글로 이루어지는 것들에 주의를 기울여보자.

예능 프로그램이나 드라마를 볼 때 작가 이름을 살펴본다. 영화도 감독과 배우에만 열광하지 말고 시나리오 작가는 누구인지, 각색은 누가 했는지 살펴본다. 보이지 않는 곳에서 가장 탄탄하게 받쳐주고 있는 이들이 바로 작가다.

오래전 드라마 작가가 되고 싶어서 잠시 공부를 했던 적이 있다. 당연히 내가 써놓고도 재미가 없어서 그만두었다. 나는 물건 팔기에 적당한 글 실력밖에 없어서 다시 이 바닥으로 돌아왔다. 그래서일까. 늘 드라마를 보면서 감탄한다. 얼마 전에는 시나리오 쓰는 법이 궁금해서 잠시 또 배웠다. 또다시 재미없는 시나리오를 쓰고는 카피라이터가 천직이라는 깊은 깨달음을 얻었다. 해보지 않았으면 그쪽을 향한 미련이 계속 생겼을 것이다. 그러나 해보고 났더니 재미있는 이야기가 나오는 드라마의 시청자로, 영화를 좋아하는 관객으로 남고 싶은 마음이 강렬해졌다.

많이 보고, 많이 느끼고, 많이 써보자. 좋은 드라마는 대본집이 출간되어 필사도 해보고, 분석도 해볼 수 있다. 보는 것과 글은 전혀 다르다. 큰 비용을 들이지 않고 수많은 사람의 열정과 능력, 감각이 만들어낸 총체적인 산물을 바라보고 자극받을 수 있으니 얼마나 좋은가. 한없이 가볍고 경박하나, 한없이 사랑스러운 매력을 가진 TV.

일방적인 자극을 가랑비에 옷 젖듯이 맞아보자. TV 프로그램에서 얻을 수 있는 이야기나 소재도 많다. 비평을 해도 좋고, 감상문을 써도 좋다. 오늘도 태순이는 무기력하고 게으르다는 잔소리에 굴하지 않고 그냥 물끄러미 TV 화면을 바라본다.

Writer's Comment

원시시대의 '모닥불'이 현대 가정의
TV가 되었다는 설이 매우 설득력 있게 다가옵니다.
머릿속이 복잡할 때는
TV 속으로 빠져드는 게 최고입니다.

불보고 멍 때리는 '불멍'과 같은 개념이죠.

SUNDAY

오늘의 연습

드라마나 관심이 가는 TV 프로그램을 보고
감상문을 한번 써봅니다.

굳이 TV가 아니어도 괜찮습니다.
요즘엔 1인 미디어도 많이 보니까요.

왜 그 프로그램을 보게 되었는지부터 재미 요소까지,
모르는 사람에게 안내하는
A4 한 페이지 정도의 글을 구성해서 써봅니다.

가끔 가는 전시장에서

저 멀리 있는
예술을 불러봅니다

                                        잘 알지도 못하면서 아는 척하는 것 중 하나가 그림이다. 오래전 1년에 주제를 하나씩 정해서 책을 읽고 공부했던 적이 있다. 그때 그림에 대한 지식을 좀 쌓았다. 미술이 좋아서 그림을 그리고 싶었던 적도 있지만, 매우 오만하고 잘 모르던 시절의 이야기다. 그런 미천한 재주로는 턱도 없다는 사실을 깨닫게 된 것은 오히려 잘된 일이다.

    그림에 대한 욕심이랄까. 그림을 보는 눈을 키우고 싶었다. 아는 만큼 보이는 것은 확실했다. 그림 앞에서 멍하니 그림을 그렸을 화가의 마음을 읽어내는 것이 좋았다.

그림은 책만큼 오랜 시간을 들여서 읽는 게 아니라 한 번에 훅하고 일렁임을 주기 때문에 자극이 필요할 때나 안정감이 필요할 때는 전시회에 간다. 물론 전시회에 가서는 여러 가지의 그림을 동시다발적으로 보기에 극도로 피곤해지기는 한다. 한 번의 강력한 자극 속에서 버틸 만큼의 여건은 되지 않는가 보다. 그래도 외국에 여행을 갈 일이 있으면 반드시 미술관을 가보길 권한다.

뜻하지 않는 악천후에 갈 곳이 마땅치 않다면 나는 미술관을 간다. 미술을 몰라도, 예술에 관심이 없어도 그 나라의 미술관을 탐험해보는 것은 좋은 경험이다. 작년 몽골 여행에서 울란바토르의 국립 미술관을 갔다. 우리나라에 전혀 소개된 적이 없는 몽골 화가의 작품들을 감상했다. 이제껏 한 번도 본 적이 없는 화풍이라 그때 받았던 강렬한 기운이 생각난다. 화려한 조명도 없고 미술관도 웅장하지 않았는데, 각 공간에서 반기던 다양한 그림들이 아직도 생생하다. 대륙의 활기랄까. 그 어디에서도 보지 못했던 그림들이었다(아, 터키에 갔을 때도 비슷한 감정을 느꼈다).

나만의 관람 철칙 중 하나는 유명한 전시회는 끝물에 간다. 친구와 피카소 전시회에 갔다가 피카소의 작품을 보는 건지 사람들의 뒤통수를 보는 건지 헷갈릴 지경에 다다르자 결심했다. 전시회는 방학을 피해 끝물에 가고, 월차를 내서 평일에 가지 못한다면 토요일 오전에 가는 것으로. 사람들이 너무 몰리는 때 가면 제대로 감상할 기회를 놓치게 된다. 그림이라는 것은 좀 조용히 봐야 하는데, 이리 밀리고 저리 치이고 하면 정말 좋은 전시도 좋은 줄 모르고 빨리 그 공간을 벗어나고만 싶다.

전시회에 가서는 사람을 따라 들어가서 꼬박꼬박 순서대로 보지 않는다. 처음에는 그냥 좀 대충 둘러보고 사람들이 빠진 후 다시 돌아와서 찬찬히 보기 시작한다. 그리고 마음에 들었던 작품을 또 한 번 곱씹어서 보고 나온다. 시간 여력이 된다면 화가에 대한 정보를 검색하고 다시 보기도 한다. 팸플릿은 반드시 들어가기 전에 본다. 주요 작품이나 꼭 봐야 할 것들이 소개되어 있으니 숙지하고 들어가는 게 좋다. 가방은 맡겨놓고 한 손에 팸플릿을 든 채 가볍게 들어가서 보는 느낌 좋지 않은가. 마지막으로는 꼭 아트숍에 들른다. 구입하지 않더라도 감각적인 것을 보면 기분이 좋아지니까.

요즘 신진 화가들의 작품은 조금만 관심을 쏟으면 쉽게 볼 수 있다. 인터넷이나 SNS상에서 그림을 보는 것도 나쁘지 않다. 그렇게 관심을 갖고 있다가 전시회를 한다면 꼭 한번 가보자. 나도 작은 화면으로 보는 그림이 아닌 눈앞에 펼쳐진 크고 정교한 그림에 압도되어 화가를 다시금 봤던 적이 있다.

내가 그림을 보는 것과 병행하는 것 중 하나는 직접 그리는 것이다. 어반 스케치. 언제부터인가 사람들과 모여 그림을 그리는 것을 취미로 하고 있다. 글을 쓰는 것과 같은 맥락이긴 하나, 그림을 그리는 것은 자극과 활력이 생기는 작업이다. 잘 그리지 못해도 상관없다. 나도 끽해야 스케치북에 연필로 슥슥 그리고 색연필로 칠하는 게 전부다. 집에서도 틈나는 대로 그림을 그리는데 실력이 막 일취월장하는 것도 아니고, 엄청 잘 그리는 것도 아니다. 다만 글은 온 신경을 써서 감정을 풀어내는 작업이라면 그림은 온 마음을 집중하는 작업이라 그리고 나면 편안해진다. 어반 스케치 활동 전에는 컬러링을 하며 마음의 안정을 찾았다. 그 전에는 보태니컬 아트라고 세밀화도 좀 배웠고, 연필 스케치도 배우러 다녔다.

  감정을 풀어놓기에 글도 좋지만, 그림도 제대로 한몫한다. 좀 더 잘 그리면 참 좋겠는데, 그것도 역시나 잘하지는 못한다. 뭐 어떤가. 내가 좋으면 그만이라는 생각으로 태평해질 필요가 있다. 경쟁하고 부딪히고 깨지는 사회 활동에서 약간 비켜서서 아무래도 좋다는 창작 활동 하나쯤 가져보자.

Writer's Comment

카피라이터를 하다가
그림을 그리겠다고 하더니

그녀는 일러스트레이터가 되었습니다.

글과 그림은
확실히 이어져 있는 건가 싶어요.
하고 싶은 일을 척척 해내는 그녀가
부럽기도 합니다.

오늘의 연습

그림을 보고 감상문을 적는 것은 정말 어려워요.
그건 하지 말고요.

좋아하는 화가에 대해 써보도록 합니다.

구글링을 활용해 화가에 대해 알아보는 것도 좋습니다.

떠나면 자극제

환기가 필요할 때는
과감히 멈춥니다

　　　　　　　　　　　　　　　　　발 아래 오목한 부분이 간질간질할 때가 있다. 그 안에 풍선이라도 있는지 솔솔 공기가 채워지기 시작하면 몸이 하늘로 슬슬 올라간다. 분명히 걷고는 있는데 지면에서 한 10센티미터 정도 떨어져서 발이 움직이는 듯 마음이 현실에서 떠오른다. 청신호가 아니고 적신호가 켜진 것이다.

　현실과의 괴리를 사라지게 만드는 것은 '여행'이다. 그렇게 여행을 준비해야 할 시간이 찾아온다. 여행을 다녀와야 일상에 다시 안착

할 수 있을 만큼 여행은 굉장히 좋은 자극제이자 에너지원이다. 일상을 유지하기 위한 필요조건이다. 물론 누구나 여행을 좋아하지 않는다. 그 자리를 떠나야 하는 사람이 있는 반면, 그 자리에서 힐링을 찾는 사람도 있다. 꼭 반드시 여행하라고 권하고 싶지는 않다. 다만 내 경우를 잠시 예로 들어본다.

글을 쓰다 보면 어떤 날은 물도 마시지 않고 찹쌀떡을 먹어 체한 것처럼 명치끝이 뭉근해지고 답답할 때가 찾아온다. 아이디어도 잘 나오지 않고, 나온 아이디어라고 해봤자 보통 이하의 것이 많다. 그런 날들이 계속된다. 한글에 신물이 난다. 온 글자가 제각각 날뛰면서 단어들이 멍청해 보이고, 그 뜻이 눈에 들어오지 않으며, 증세가 심각하면 살짝 난독증이 오기도 한다. 눈에 글자들이 하나도 들어오지 않아 단 한 줄도 쓸 수 없을 때가 찾아온다. 그때는 정말 한글이 없는 나라로 떠나야 한다.

떠나 있는 시간이 며칠 되지 않더라도 다른 나라의 활자를 보는 그 순간의 상쾌함과 저릿함과 두려움이 찾아와야 다시 글쓰기가, 나의 한글이 좋아진다. 여행을 떠나 다른 나라의 언어 아래에서 한없이 작아지는 존재가 되고, 스마트폰이나 책 없이 한껏 외로움을 타봐야 비로소 내가 하는 일이 다시 좋아진다.

지난 몽골 여행에서 문명의 이기로부터 떨어져 3박 4일 정도를 보내봤다. 문자와 정보 없이 보내는 그 시간이 소중했다. 오롯이 내 안에서 들려오는 이야기를 들을 수 있었던 시간들. 친구들은 여행기를 쓰고 메모를 하며 지루함을 달래기도 하고, 책을 읽기도 했다. 그래도 사방에 아무것도 없는 곳에서의 경험은 오래 남을 수밖에 없다.

여행만 하고 살 수 없어 우리 모두 원래의 자리로 돌아온다. 돌아와 한글로 된 키보드 위에 손을 올린다. 손가락이 움직이고, 안도감을 얻는다. 내가 나를 표현할 수 있는 한글이 좋아지고, 더없이 예뻐 보인다. 안타깝게도 그 상황이 오래가지는 못하지만.

내 경우가 보편적일 수는 없다. 그러나 글쓰기가 재미없어지면 하지 않아도 된다. 그 말을 꼭 전하고 싶다. 글을 써서 밥을 벌어먹는 직업이 아니라면 굳이 재미없는 글쓰기는 하지 말자. 재미있을 때만 해도 충분한 게 글쓰기다. 글쓰기가 재미있어서 지속 가능했으면 좋겠다. 누군가를 험담하는 악플이 아니라 제대로 된 글을 써서 세상이 조금이라도 따뜻하고 옳은 방향으로 나아가면 좋겠다. 자신이 하는 일과 좋아하는 무언가가 같아지면 어느 한쪽은 피해를 본다. 일이 재미없어지거나 좋아했던 무언가가 꼴도 보기 싫거나. 모두가 간격을 유지하면 좋겠다.

자극을 받았으니 이제는 쓸 일이 산더미처럼 쌓여 있을 것이다. 일요일이 가고 있다. 일주일을 마무리하고 다시 일주일을 맞이하는 시간. 여유를 부릴 때가 아니다. 그냥 써보고 질러보자. 머뭇거리지 말고.

Writer's Comment

여행지는 중요한데 늘 저희는

싼 비행기 표에 여행지가 바뀌곤 합니다.

올해는 과연

어디를 가게 될까 궁금해져요.

오늘의 연습

여행지에서 찍은 사진을 꺼내서 봅니다.

그때의 날씨, 같이 있던 사람들, 느꼈던 감정에 대해 글을 써봐요.

글이 잘 안 써질 때는 여행 사진을 꺼내서 보는 것이 도움이 되더라고요.

에필로그.

잘 쓰지 못해도
쌓기의 믿음으로 즐거운 글쓰기를

글을 잘 쓰지도 못하면서 글로 밥을 먹고 살아서

어떨 때는 미안하고, (대상은 없지만)

이런 잔머리로 오래 버틸 수 있어서 대견하기도 하다

(물론 가끔은 부끄럽기도 하다).

내 글을 제대로 써본 지 오래되었다.

그럼에도 불구하고 모든 사람이 나보다 나은 글, 좋은 글을 써주기를 바란다.

욕심 사납지만.

거래처에 보내는 이메일,

설득하거나 사과할 때 말로 하기 겸연쩍어 적는 해명,

SNS에 올리는 상념, 친구에게 보내는 문자,

부모님께 또는 선생님께 보내는 짧은 인사에도

자신이 들어가 있음을 잊지 말아야 한다.

문자 한 통에 화가 날 때도 있고, 별말 아닌데 기분이 상할 때도 있으며,

단 한 문장에서 위로를 받을 때도 있지 않은가.

그렇게 글이란 또 다른 나의 표현이다.

오늘 십 수 년 전 써놓은 네 줄짜리, 여덟 줄짜리 유치한 푸념글을

혼자 몰래 보고 또 쥐구멍을 찾았다.

그때의 나와 지금의 나는 같은 사람이지만,

다른 사람이 되어 있다.

그때의 얼치기 감정을 토해놓은 글이 있었기에 지금의 내가 있는 것.

확실히 그때보다 지금 내가 더 좋아진 게 분명하다.

그리고 앞으로도 더 좋아질 것이다.

글을 잘 써서 '무엇'인가가 되어도 좋지만,

글을 꾸준히 써서 '좋은 나'가 되어도 좋다.

모두가 글을 배웠던 그때의 마음으로 돌아가

오롯하게 세상을 향한 글을 쓰기를 바란다.

꼭 '무엇'이 되기보다

모두 '좋은 사람'이 되기를.

꼭 '그렇게' 되기보다

안 되더라도 '하는 과정'을 즐겨주기를.

날마다 그냥 쓰면 된다

초판 1쇄 발행 2018년 6월 2일

지은이 서미현
펴낸이 이지은 **펴낸곳** 팜파스
책임편집 임소연
디자인 조성미 **마케팅** 정우룡
인쇄 (주)미광원색사

출판등록 2002년 12월 30일 제 10-2536호
주소 서울특별시 마포구 어울마당로5길 18 팜파스빌딩 2층
대표전화 02-335-3681 **팩스** 02-335-3743
홈페이지 www.pampasbook.com | blog.naver.com/pampasbook
이메일 pampas@pampasbook.com

값 14,000원
ISBN 979-11-7026-203-9 (13800)

ⓒ 2018, 서미현

· 이 책은 《창의적 글쓰기》의 개정증보판입니다.
· 이 책의 일부 내용을 인용하거나 발췌하려면 반드시 저작권자의 동의를 얻어야 합니다.
· 잘못된 책은 바꿔 드립니다.

이 도서의 국립중앙도서관 출판시도서목록(CIP)은 서지정보유통지원시스템 홈페이지 (http://seoji.nl.go.kr)와 국가자료공동목록시스템(http://www.nl.go.kr/kolisnet)에서 이용하실 수 있습니다.(CIP제어번호: CIP2018014473)